ミッションから見た NPO

坂本恒夫・丹野安子
【編著】

文眞堂

はしがき

　NPO 設立件数は，2012 年末には，5 万法人にのぼろうとしています。起業が低迷していることを見れば，この数字は驚異的なものと言えます。なぜ，このように NPO 設立に多くの方が関心を持たれているのでしょうか。
　いくつか理由があると思いますがその一つに，若い方から比較的年配の方まで広い範囲で，何らかのかたちで社会に貢献したいという気持ちをお持ちの方が多くいらっしゃるからだと思います。周りに困っている人がいたり，手助けを求めている方がいれば，何かお役に立てればと考えていらっしゃるからだと思います。ましてや身内に援助を必要としている人がいれば，他人事ではありません。自分自身の問題でもあります。社会貢献は廻り回って自分への貢献でもあるのです。
　本書『ミッションから見た NPO』は，NPO を立ち上げたいという理由を正面から取り扱ったものです。NPO を設立された方に，その理由を書いていただいたり，訊ねたりしますと，その設立への強い思いを感じとることができます。「スポーツを通じて，知的障害者の自立と社会参加を支援したい」，「安心して暮らせる社会を創りたい」，「おもちゃを通じて子供の健全な成長を願いたい」，「芸術を通じて過疎の町の活性化を目指したい」，「バイオマスを通じて地域の活性化と資源循環型社会の構築を目指したい」，「若者の就職を支援したい」，「母国での迫害から日本に逃れてきた難民のために手助けしたい」，「「中小企業の経営改革とベンチャービジネスの起業支援を通じて雇用を拡大したい」など，支援の対象者とツールを明確にして，その活動を紹介しています。障害者，子供，高齢者，過疎地域，求職の若者，難民，中小企業などの様々な人に，技術や芸術，そして専門的な知識によって，支援をしようとしているのです。
　本書を書き上げるために，私達，「日本中小企業・ベンチャービジネスコ

ンソーシアム＜NPO部会＞」のメンバーは，3年間にわたり勉強会を重ねてきました。以前の2009年にはNPOの基本的な紹介書『図解　NPO経営の仕組みと実践』を世に送り出しました。「解りやすい」「おもしろい」という反応をいただきました。これを踏まえて今回は自分達が活動しているNPOのミッションとその活動を紹介しております。すでにNPOを運営している方，これから立ち上げようという方，さらにNPOの研究をされている方の参考になればと思っております。

　いま時代は大きな転換点を迎えています。とりわけ企業経営が大きく変わろうとしています。これまでの企業価値の追及だけでなく，社会的価値も同時に追求していこうとしています。企業とNPOは対立するのではなく，企業はNPOから学び，そこでの人材に協力してもらいながら，企業価値を実現しようとしているのです。マイケル・ポーターの共通価値経営を引き合いにだすまでもなく，大企業はNPOと連携しながら社会的責任を果たそうとしているのです。経営学の研究においてもNPOの活動に関心を持たざるを得ないのです。本書は，したがってNPOに携わっている方，経営学の勉強・研究をしている方にとって必読の書と言えます。ご活用，ご叱正をお願い致します。

　刊行にあたっては，文眞堂の前野　隆様，山崎勝徳様に大変お世話になりました。記して感謝申し上げます。

2012年10月30日

執筆者を代表して
坂本　恒夫
丹野　安子

『ミッションから見た NPO』執筆者一覧

(活動分野別法人数順)

坂本　恒夫	はしがき，第 13 章（経済活動） 明治大学　経営学部　教授	
峰岸　和弘	第 1 章（福祉），第 11 章（人権擁護） 認定 NPO 法人　スペシャルオリンピックス日本・東京理事	
小林　隆一	第 2 章（福祉） NPO 法人　わかみやクラブ副代表理事	
山根眞知子	第 3 章（福祉），第 8 章（学術・文化・芸術） NPO 法人　NPO 事業サポートセンター理事	
丹野　安子	第 4 章（社会教育），第 12 章（経済活動） NPO 法人　ビジネスネットワーク・ジャパン理事長	
多田　千尋	第 5 章（子ども） 認定 NPO 法人　日本グッド・トイ委員会理事長， 東京おもちゃ美術館館長	
徳谷　章子	第 6 章（子ども） NPO 法人　ハートフレンド理事長	
安藤寿美子	第 7 章（学術・文化・芸術） NPO 法人　西会津国際芸術村理事長	
早田　保義（故人）	第 9 章（環境保全） NPO 法人　森のバイオマス研究会前理事長	
黒沢　一樹	第 10 章（雇用） NPO 法人　若者就職支援協会理事長	
水田　孝信	第 10 章（雇用） NPO 法人　若者就職支援協会監事	
須田　啓資	補章 1（福祉） 須田啓資税理士事務所所長	
岡　四郎	補章 2（経済活動） NPO 法人　安全環境システム理事長	
趙　丹	補章 3 朝鮮大学校　経営学部　准教授	

目　次

はしがき _____ i

1. 認定 NPO 法人スペシャルオリンピックス日本・東京
スポーツを通じて，知的障害者の自立と社会参加を支援する _____ 1

2. NPO 法人わかみやクラブ
障害児放課後支援を追及する _____ 21

3. NPO 法人高齢社会の食と職を考えるチャンプルーの会
コミュニティカフェ「レストランサラ」を核に，住み慣れた地域
で安心して歳を取る社会を目指す事業 _____ 31

4. NPO 法人ファザーリング・ジャパン
Fathering ＝父親であることを楽しもう _____ 42

5. 認定 NPO 法人 日本グッド・トイ委員会
市民性創造活動による東京おもちゃ美術館の NPO 事業 _____ 50

6. NPO 法人ハートフレンド
子どもが主人公になる居場所づくり
〜人と人がつながる町づくりへ〜 _____ 57

7. NPO法人西会津国際芸術村
芸術をツールに，過疎になりつつある町の活性化を目指す ———— 64

8. NPO法人　宮崎文化本舗
ネットワークを駆使した，先端を行くNPO経営に学ぶ ———— 73

9. NPO法人「森のバイオマス研究会」
地域の活性化と資源循環型社会の構築を目指して ———— 85

10. NPO法人若者就職支援協会
自律のための『就職支援』をおこなう若者就職支援協会 ———— 92

11. 認定NPO法人難民支援協会
母国での迫害から日本に逃れてきた人々（難民）のために ———— 115

12. NPO法人ビジネスネットワーク・ジャパン
専門家集団によるNPO・企業・働く個人の支援 ———— 138

13. 日本中小企業・ベンチャー　ビジネスコンソーシアム
中小企業の経営改革とベンチャービジネスの起業支援を通じて雇用を拡大する ———— 146

補章1. NPO法人クリオネ
調理実習をとおしての食育を考えよう ———— 153

補章2. NPO法人安全環境システム
中小企業のリスクマネジメントの支援を通して自己実現を達成するNPO ———— 168

補章 3．NPO のミッション追及とその評価 _181_

索　引 _190_

# 1. 認定NPO法人スペシャルオリンピックス日本・東京

スポーツを通じて，知的障害者の自立と社会参加を支援する

ミッション

1. SOは"イベント"ではなく，"ムーブメント"である

　スペシャルオリンピックス（以下SO）は，その名前にオリンピックという名称を内包していることから，また，時に「知的障害者による世界規模のスポーツの祭典」と称されることから，オリンピックやパラリンピックと同様，世界規模のスポーツイベントと思われることがある。

　確かに，オリンピックやパラリンピックと同様，4年に1度（夏季大会と冬季大会が交互に行われるため，実際には2年に1度），世界中からアスリートが集まる大規模な世界大会も実施している。しかし，この世界大会はあくまで副次的な事業であり，SOの本質は"イベント"ではなく"ムーブメント"にあるということを，まず理解いただく必要がある。

　というのもSOは自らの使命を，「スポーツを通じて，知的発達障害のある人の自立と社会参加の促進を図ること」，さらには「知的発達障害のある人たちを生産的な市民として認め，受容する社会を実現すること」としているからだ。

　実際，SOの名の下に組織されている団体はすべて，「知的発達障害のある人たちに，年間を通じて，オリンピック競技種目に準じたさまざまなスポーツトレーニングと競技の場を提供し，参加したアスリート（※）が健康を増進し，勇気をふるい，喜びを感じ，家族や他のアスリートそして地域の人々と，才能や技能そして友情を分かち合う機会を継続的に提供すること」を，自らの使命として掲げている。また，「トレーニングや競技を通じて，

知的発達障害のある人たちが，その技術や才能を高め，その成果を示すことのできる公平な機会を提供し，彼らの可能性や，ニーズをより広く知らしめることにより，生産的で尊敬される社会の一員として社会参加できるようにすること」を，日々の活動の目的としている。

SO の日本における本部組織「スペシャルオリンピックス日本」の創設者であり，現在は名誉会長職にある細川佳代子は，組織立ち上げから一貫して，SO を「世直し運動」と位置づけ，SO に関わるボランティアは，新しい福祉とスポーツを担うパイオニアであると説明し続けている。

※スペシャルオリンピックスでは，活動に参加するすべての知的発達障害のある人々を，「アスリート」と呼んでいる

図表1　スペシャルオリンピックス日本・東京ロゴマーク

「スペシャルオリンピックス」の名称が複数形なのは，大会に限らず，様々な活動が年間を通じて，世界中でおこなわれていることを意味している。

歴史

1. 世界／元米国大統領ジョン・F・ケネディの妹ユニスが創設

SO 日本の創設者・細川佳代子が，SO 活動に対して思いを寄せた背景には，SO 創設者であるユニス・ケネディ・シュライバーの信念がある。

合衆国大統領ジョン・F・ケネディを兄に持ち，また，知的発達障害のあ

るローズマリーという姉を持ったユニスは，父ジョーから1957年にジョセフ・P・ケネディ・Jr財団の運営を任され，夫であるサージェント・シュライバーと共に「知的発達障害」の問題に取り組んでいた。

そんなユニスが1962年夏，知的発達障害者35人を対象に「シュライバーキャンプ」というデイキャンプを実施した。これがSOの始まりであり，家に閉じこもりがちな知的発達障害のある人たちに，さまざまなスポーツを体験してもらいたいという，ユニスの願いが実を結んだものだった。

このデイキャンプによってスポーツ要素の強いレクリエーション活動が，知的発達障害にある種の効果を及ぼすという事実が証明され，これを受けたケネディ財団が，米国中に同様のプログラムを設立するための助成を実施。同時に，米国とカナダで80カ所以上もの公的機関，私設機関に対し，知的発達障害のある人々のためのデイキャンプを，それぞれの地域で開催するための助成も行うことを決定したのである。

そして1968年7月20日には，イリノイ州シカゴのソルジャー競技場で「第1回スペシャルオリンピックス国際大会」が開催され，アメリカ国内26州とカナダから1,000人以上のアスリートが参加。同年12月には，非営利

写真1　ユニス・ケネディ・シュライバーの写真

スペシャルオリンピックス創始者ユニス・ケネディ・シュライバー。ジョン・F・ケネディの妹にあたる。

組織「スペシャルオリンピックス」が，国際本部としてワシントンD.C.に設立され，1971年12月には，アメリカオリンピック委員会より「オリンピック」の名称使用が正式に認められた。

この名称については，1988年2月，SOIと国際オリンピック委員会（IOC）が「オリンピック」の名称使用や相互の活動を認め合う議定書を交わすことで世界共通の認識となり，SOIは，IOCによって「オリンピック」の名称使用を公式に認められている唯一の組織となったのである。

2. 日本／元総理夫人・細川佳代子らの手により，熊本で再スタート

1991年夏，米国ミネソタで開催されたSO夏季世界大会に，熊本からダウン症で難聴という重複障害のある当時10歳の少女が参加した。この少女を引率したボランティアコーチの中村勝子こそ，日本におけるSO活動の源流を作った人だ。中村は，SO発祥の地であるアメリカにおいて，SOの持つ使命の素晴らしさを実感。老若男女問わず自発的に参加する市民ボランティアの活躍を目の当たりにし，その感動と衝撃に突き動かされるよう，帰国後すぐさま行動を起こす。このとき声をかけたのが，SO日本の初代理事長であり，現在は名誉会長を務める細川佳代子だった。

細川は，元熊本県知事で後に総理大臣となる細川護熙夫人であり，地元である熊本のマスコミにもたびたび登場するような，有名人だった。ただ単に，元県知事・衆議院議員夫人として名をはせていたというのではなく，一人の女性として優雅に，かつはつらつと自分の人生を生きている姿が，多くの人々の共感を得ていた。中村もその一人であり，細川であれば必ずSO活動に共鳴してくれるはずと思ったのだ。

中村と会い，SOの話を聞いた細川は，即座に協力を約束した。というのも細川はこの時すでに，SO世界大会の体操競技に出場し，銀メダルに輝いた少女と共に中村が，熊本県知事を表敬訪問した地方紙の記事を読んでいたからだ。

こうして，中村の情熱に細川のそれが加わり，ついに日本におけるSO活動がスタート。ボランティアの輪もどんどんと広がっていき，1994年11月

27 日，熊本に「スペシャルオリンピックス日本（SON）」が発足。同時に，SOI より国内認定組織として認証された。

その後 SON は，2001 年 5 月に内閣府より NPO 法人としての認証を得る。さらに，2005 年 2 月には，第 8 回 SO 冬季世界大会を長野で開催。84 の国と地域から 1,829 人のアスリートを集めるとともに，日本選手団も 150 名が参加するという一大イベントを成功させた。

SON は現在，東京に本部組織を移し，組織的にも認定 NPO 法人から公益財団法人へと衣替えをし，その活動を続けている。3 代目の理事長に，バルセロナ，アトランタというオリンピック 2 大会でメダルを獲得したマラソン選手・有森裕子を迎え（2 代目理事長は，現 SO 日本会長の三井嬉子），47 都道府県全域に「地区組織」および「設立準備委員会」という支部を設立。全国で 7,339 人のアスリートと 13,629 人のボランティア（2011 年末現在）が，参加するまでになっている。

写真 2　細川佳代子の写真

スペシャルオリンピックス日本の創設者であり初代理事長，現名誉会長。彼女の講演を聴いたのが SO に関わるきっかけ，という人は数知れない。

組織の現状

1. スペシャルオリンピックスの実質的な活動を担う地区組織

日本において，本章冒頭で紹介した SO の使命・目的を実現するため実質的な活動を行っているのが，都道府県ごとに設立されている「地区組織」（と，その前段階にある「設立準備委員会」）である。認定 NPO 法人スペシャルオリンピックス日本・東京（以下 SON 東京）は，この地区組織の一つであり，現在アスリート数，ボランティア数共に SO 日本最大の規模を誇っている。

創設は 1994 年 10 月 22 日で，当初は「スペシャルオリンピックス東京（SO 東京）」という名称で活動していた。すでに前年 3 月には，SO 熊本が創設され，スポーツプログラムを実施していたが，本部組織としての SO 日本は，この SO 東京というもう一つの地区組織創設によって，94 年 11 月 27 日 SOI より正式な組織として認証された。

幸い，細川自身が神奈川県で育ち，学生時代を東京で過ごしたこともあり，SO 東京を創設するために力を貸してくれる同級生たちが，東京近郊に多く暮らしていた。団体創設のためのチャリティ・イベントやアスリートやボランティアを集める説明会，プログラムを開催するためのスポーツ施設の確保などについても，そんな同級生たちの協力が大きな推進力となった。まさに草の根，手作りによる団体創設だったのである。

そして，団体創設から数年の間は，細川の人脈を中心とした女性たちと，アスリートの家族の力によって，SON 東京の活動は支えられていた。しかし，徐々にその輪は多彩な広がりを見せていき，2002 年のナショナルゲーム（全国大会）開催と，2004 年の NPO 法人設立をきっかけに，社会人および一線を退いたリタイヤ組や学生等々，福祉という枠組みにとらわれない一般のボランティアが増えていく。

現在ではその数約 2,000 人。もちろん定期的にスポーツプログラムに参加している人数となると，この半分程度であるが，それでも 18 年という年月をかけて取り組んできた広報活動やリクルート活動の成果が，ここに表れて

いるといえる。ただし，現在の SON 東京が抱えている課題も，実はこの部分にある。スポーツプログラムの運営を担うボランティアの恒常的な不足である。この点については，後ほど「課題」の節にて詳述したい。

図表 2　世界，日本，東京における SO 参加状況

地域	東京	日本	世界
参加地域	都内全域	46 都道府県	約 170 の国と地域
アスリート	1,354 人	約 7,339 人	約 400 万人
ボランティア	2,039 人	約 13,629 人	約 100 万人

2011 年末現在

　知的発達障害のある人たちは，人口の約 1〜3％は存在するといわれる。となると SO 東京に参加可能な人数は，最大で 36 万人にものぼる。

2. 15 のスポーツプログラムすべてを，ボランティアが運営する

　課題と解決に向けての取り組みを述べる前に，もうすこし SON 東京の活動内容について紹介しよう。

　SON 東京では現在，ボウリング，バスケットボール，サッカー，水泳，陸上，アルペンスキー，フィギュアスケートといった 15 のスポーツプログラムと合唱，Let's Play & Sing，ダンス，アスリート会，木彫り，絵画の 6 つの文化プログラムを実施。他に複数競技による地区大会，単独競技ごとの競技会・記録会，文化プログラムの発表会，マラソンやコンサート，ゴルフなどのチャリティ・イベントを開催している。

　活動のメインを構成しているのは，上記のスポーツプログラムであり，それぞれ主に週末を利用し，都内各所で定期的にトレーニングを実施。ボウリングやバスケットボールをはじめ，その他ほとんどのプログラムが複数の会場を開設しており，現在その数は 30 を超えている。会場ごとに，主任コーチとマネージャーがおり，それをサポートするコーチ（アスリートのファミリー含む）とでスタッフは構成されている。

　トレーニングに参加しているアスリートは，小学生から 70 代までと実に幅広い。スペシャルオリンピックスは世界的に，8 歳以上で先天的な知的発達障害があることが，参加の条件となっている。そのため，知的な障害が

あってなおかつ本人さえ希望すれば，何歳になってもトレーニングに参加することが可能なのだ。

それぞれのトレーニング会場では，毎回平均20人程度のアスリートが参加しており，トレーニングをサポートするボランティアは10人から20人といったところ。いずれの会場も，1年間を3クール（第1期／1〜4月，第2期／5〜8月），（第3期／9〜12月）に分け，それぞれのクールで8回〜10回のトレーニングを実施している。

各会場におけるトレーニング・スケジュールから毎回のトレーニング・メニューまで，主任コーチと呼ばれる責任者が主導する形で企画・立案している。トレーニング会場となるグラウンドや体育館，プール，ボウリング場といった施設の予約や会場費の精算なども，主任コーチもしくはマネージャーといったボランティアが担っている。

図表3　SON東京の活動内容一覧

	スポーツプログラム		文化プログラム＆委員会
夏季競技(11)	ボウリング	文化(6)	Let's Play & Sing
	バスケットボール		合唱
	水泳競技		アスリート会
	陸上競技		ダンス
	サッカー		絵画
	体操競技		木彫り
	卓球	委員会(10)	ボランティア委員会
	テニス		広報委員会
	バドミントン		ファンドレイジング委員会
	機能開発（MDP）		情報管理委員会
	バレーボール		企画委員会
冬季競技(4)	アルペンスキー		安全委員会
	スピードスケート		ファミリー委員会
	フィギュアスケート		地域展開委員会
	フロアホッケー		アスリート委員会
			支援委員会

こうしたプログラム・マネジメント業務の煩雑さもさることながら，やはり知的発達障害のある人たち対象という特殊性に起因する難題にも，主任コーチは直面する。例えば，アスリートの知識レベルやコミュニケーション能力には，かなりの濃淡がある。なかには一所にじっとしていられない多動傾向を示すアスリートも少なくない。

　それだけに，一笛吹けば数人が一斉に動き出すというような，通常のスポーツトレーニング方法が通用しない。順番を守らせる，会場外に無断で出て行かないよう注意する，名前を呼ばれたら返事をする，といったマナーや基本的な決まり事を指導した上で，そのスポーツ特有のルールを理解させなければならない。

　身体的に障害があるわけではないので，特殊な器具用具を必要とするわけではないが，逆に体の動きをサポートする器具用具があれば解決するという問題以上に指導上の難しさがある。もちろんスポーツであるから，ケガや事故にも備える必要がある。

　主任コーチに課せられる責任が大きく，それだけになかなか"なり手"が現れない理由は，こうした難しさに起因している。まさに，スペシャルオリンピックス日本・東京が現在抱えている最大の課題は，ここ。プログラムそして会場をマネージメントするボランティア（主任コーチ）の不足である。

課題と方策

1. 定期的かつ継続的に参加するボランティアの確保

　阪神大震災以降，日本人のボランティアに対する意識は格段に向上したといわれる。また，2011年3月に起こった東日本大震災においても，数多くのボランティアが東北へと足を運んでいるし，東京マラソンでは抽選で当たらないとボランティアとして参加することもできないと聞く。

　泥水に浸かった家屋の片付けを手伝えば，被災者から手を取って喜ばれる。沿道でスポーツドリンクを差し出せば，疲れ切ったランナーも生き返ったように走り出す。このように自分がさしのべた手が，すぐに誰かの役に

立ったという実感が得られるのが，ボランティアの魅力である。

また，長い人生の中でのたった1日，少し長くても1週間程度であれば，ボランティア活動に費やすのも躊躇しない。短期間のボランティアであれば，大きな責任を負わせられることもない。気軽に，短時間で，大きなやりがいを得られるのも，ボランティアの魅力である。

SON東京においても，地区大会やイベントのボランティアは，上記のようなボランティア像と合致する。そのため，イベントに際してボランティアの募集をかける際も，それなりの人数を集めることは難しくない。

また最近は，企業や学校などから，そうしたボランティアの機会を提供してもらえないかという問い合わせも，多く寄せられている。これはこれで，とても喜ばしい状況だろう。

しかし，SON東京が本来期待するボランティア像は，そうしたボランティアとは多少異なっている。基本的に，長期的な関わりを視野に入れ，ある程度定期的に参加してもらいたいと考えているからだ。

そもそもトレーニング自体が定期的に行われているわけだから，一度に大人数が集まるよりも，毎回10人程度がしっかりと確保できることのほうが重要になる。また，年間を通じての活動を重要視しているから，単発もしくは不定期に参加する人に，主任コーチやマネージャーといった立場を任せるわけにはいかない。

コーチとしてスポーツの指導にあたっても，すぐさまアスリートたちの成長した姿を見ることは難しいし，知的発達障害というハンデがある彼らと，コミュニケーションを深めるのは，やはり1，2回の参加では無理。「ボランティアをやった！」という手応えを，参加したその日だけで実感するのはなかなか難しい，というのが実態である。

しかし，だからこそ腰を据えて参加すれば，自らの視野を広げ，価値観を大きく塗り替える体験ができる。人生の選択肢を増やす機会にもなる。老若男女に関わらず，責任ある立場を経験し，そこで大きな成長を手にすることも可能なのである。

こうした魅力はなかなか伝わりづらいものだし，多くの人が求めるボラン

ティア像ではないのかもしれない。ここに，SON 東京がボランティア確保に頭を悩ます原因があるのだ。

図表4　SON 東京のボランティア数の推移

ボランティア数：2,039人（2011年12月末現在）
＊2010年度より会員管理システムの登録人数に変更したため激増

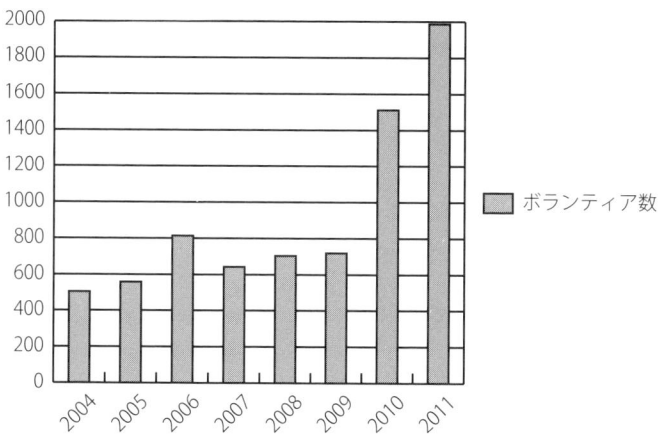

2. ボランティア体験プログラムでボラ初心者を勧誘

では，この課題に対して，SON 東京ではどのような対策を講じているのか。まず，なにより自らの活動とその意義について，より多くの人に知ってもらうことだ。

そもそも SO の活動が，「イベントではなくムーブメントである」ということが，理解されていない。ましてや知的発達障害のある人たちの自立と社会参加を目指した活動であるというミッションも，十分伝わっているとは思えない。

しかし，こうした SO の本質が世の中に浸透しない限り，なぜ年間を通じてスポーツトレーニングを実施しているのか，なぜそこに定期的に参加するボランティアが重要なのかということを，多くの人たちに理解してもらうことは難しい。

ひと言でいえば，広報・啓蒙活動ということになってしまうが，これを地道に行った延長線上にしか，より多くの，しかも定期的に参加するボラン

ティアの確保という答えは存在しない，と考えている。

　そして，企業や学校などに積極的に出向いて，SOとSON東京に関するプレゼンテーションを行う。その際には，知的発達障害のある人たちにとっては，大きなスポーツイベントよりも，日常のトレーニングこそが重要であるということを強調することを忘れない。場合によってはイベントへのボランティア参加も促すが，それもまた，SOの本質を理解してもらうための機会と位置づけている。

　また，毎年「ボランティア体験デー」というのを設け，初めてボランティアに臨むという人たちだけを対象とした，特別なプログラムを用意している。

　ここ1, 2年はプログラム単位での実施となっているが，2008年までは体育館やグランド，プールなどが揃っている総合運動場で，複数プログラムを同時に実施していた。

　この体験会は，毎回50名～100名の参加者が集うイベントで，参加者はまずはSOとSON東京についてのオリエンテーションを受講。その後は，それぞれが希望するプログラムに，三々五々参加するというものである。

写真3　ボランティア風景写真1

定期的にトレーニングをサポートするコーチ，ボランティアの確保が，SON東京が抱える最大の課題。

2007年の場合，午前には水泳，サッカー，フロアホッケー，卓球，機能開発（MDP）。午後にはテニス，陸上，バスケットボール，体操，バレーボールのスポーツプログラムのほか，英会話，ダンス，アスリート会の文化プログラムと，SON東京で実施しているほとんどのプログラムを提供した。

　すべての参加者がその後，日常的なボランティアとして継続参加したかといえば，否と答えるしかないが，それでも参加した人の多くがSOの活動の本質に触れ，アスリートとのコミュニケーションを経験したことで，潜在的な定期ボランティア候補になったと考えている。

　もう1つ，ボランティア確保に向けての取り組みとしては，外部団体との連携がある。

　例えば，大学。SON東京では定期的に大学生のインターンを受け入れているが，彼らをキーマンとして学内にSOサポーターを組織化してもらう。位置づけとしては福祉系のサークルではあるが，福祉に軸足を置くのではなく，ボランティアを通じてスポーツを楽しむ，社会を知るということを目的とするという点が，既存の福祉系サークルとは大きく異なる。

　また，学生自身がボランティア派遣団体を運営することで，組織をマネージメントする経験もできるという点もメリットの1つ。もちろんSON東京としても彼らを応援するというのもひとつの売りだ。これは未だ具体化していない計画だが，可能性は非常に高いと信じている。

3. 年間1,900万円に及ぶスポーツ事業経費の確保

　2つ目の課題は，運営資金をいかに安定的に集めるかというものだ。これは多くのNPOに共通する課題であろう。

　2011年度のSON東京の決算状況は，別図の通りである。その内容を紹介する前に，SON東京の組織について多少触れておく。

　まず，総会の下に位置づけられている決議機関として理事会があるが，メンバー構成は，3分の1がプログラム及び組織運営を支えているボランティア，知的発達障害について体験的に通じているアスリートの家族（ファミリー）である。その他は，スポーツ界の重鎮や医師，弁護士，税理士といっ

た専門家，学識経験者，企業経営者となっている。

　企業の取締役会でいえば，3分の1の理事が執行役員的な役割を果たし，残りの理事が外部取締役として，客観的なアドバイスと外部とSON東京をつなぐ大使的な役割を担っていることになる。財団・社団法人のような公益法人と比べると，評議員と理事が一緒になっているような形かもしれない。

　理事会の開催は2カ月に1度であるため，日々起こる問題に対して組織的な決断を下すためにも，理事会の下に執行委員会という運営組織がある。これは，定款にも定められた組織である。

　執行委員会は，その7割が理事（正副理事長，専務理事）や事務局長，後述する専門委員会のトップで構成されるよう内規で定められている。組織の現状を的確に把握しており，なおかつ公平公正な判断のできる人材を選出している。

　この執行委員会の下に位置づけられているのが，実際に事業を推進する専門委員会だ。

　専門委員会は，事業本部と管理本部に分かれており，事業本部の中の最大組織が，SO活動の根幹であるスポーツプログラムを運営するスポーツプログラム委員会。委員の人数も30人近くに及ぶ。スポーツプログラムの現場で主任コーチやマネージャーを務める人たちが中心となり，SON東京の本来事業であるスポーツプログラムの方向性から実際のコーチングに関することまで，多様な分野についての話し合いを行っている。

　支出の3分の1以上を占めるスポーツ事業費の予算策定から決算承認までを行うのも，このスポーツプログラム委員会だ。

　一方，管理本部の中にはボランティア委員会，広報委員会，ファンドレイジング委員会などがある。それぞれ事業費に占める「広報・啓発・普及事業」を担う委員会である。

　この広報・啓発・普及事業は，定款においても「知的発達障害者に関する一般社会の理解をより深めるための」事業として掲げられており，ホームページの開設運営や出版物の発行，イベントの開催などを事業として行うことになっている。

図表5　2011年度収支計算書

2011年度特定非営利活動に係る事業会計収支計算書
2011年1月1日から2011年12月31日まで

認定特定非営利活動法人　スペシャルオリンピックス日本・東京

(単位：円)

科目	金額			
Ⅰ．収入の部				
1　入会金・会費収入				
①入会金収入	230,000			
②会費収入	4,490,000	4,720,000		
2　寄付金収入		24,891,154		
3　補助金収入		1,979,250		
4　委託事業収入		682,500		
5　雑収入		84,485		
当期収入合計（A）			32,357,389	
Ⅱ．支出の部				
1　事業費				
(1)スポーツ事業費				
①スポーツトレーニング費	6,642,368			
②スポーツ大会費	1,179,759			
③スポーツ大会派遣費	770,298	8,592,425		
(2)スポーツ指導者育成事業費		83,975		
(3)文化事業費		449,438		
(4)広報・啓発・普及事業費		2,528,393		
(5)給料手当		6,411,736		
(6)旅費交通費		436,724		
(7)外注費		577,500		
事業費合計			19,080,191	
2　管理費				
(1)給料手当		6,053,569		
(2)法定福利費		1,216,328		
(3)福利厚生費		25,000		
(4)会議費		110,100		
(5)旅費交通費		399,436		
(6)通信運搬費		383,004		
(7)消耗品費		386,540		
(8)貸借料		2,167,200		
(9)諸会費		69,000		
(10)減価償却費		292,257		
(11)租税公課		55,002		
(12)修繕費		71,862		
(13)雑費		145,424		
管理費合計			11,374,722	
当期支出合計（B）			30,454,913	
Ⅲ．収支差額の部				
当期収支差額（A）－（B）			1,902,476	
前期繰越収支差額（C）			35,533,686	
次期繰越収支差額（A）－（B）＋（C）			37,436,162	

本項で述べる課題「資金の確保」に関する解決方法を検討，実施していくのが，ファンドレイジング委員会ではあるが，同委員会の活動は，「知的発達障害者に対する理解促進」する活動と表裏一体であるため，SON東京では本来事業を担う組織の一つとして位置づけている。

　以上のスポーツ事業費と広報・啓発・普及事業費をあわせると，事業費の約6割強，約1,200万円を占めることになる。それぞれの事業を担当する事務局スタッフの人件費を合わせ，約1,900万円が本来事業に費やされていることになる。管理費がまったく必要でないわけではないが，そもそもこの事業にかかる経費1,900万円こそが，SON東京が絶対に集めなければならない予算といえる。

4. 個人・法人双方からの寄付金集めが重要なテーマ

　SON東京の収入概要（2011年度）は，金額の多い順に示すと次の通りとなる。寄付金約2,489万円（構成比76.9%），入会金・会費472万円（同14.6%），助成金198万円（同6.1%），受託金68万円（同2%），事業収入・借入金ともに0円（同0%）。

　かようにSON東京の活動は，寄付金によって支えられている。そのため，いかに寄付金を安定的に確保するかが，組織としての重要課題となっている。これまでもこの課題解決のために，さまざまなアイデアを具体化するとともに，個人・法人（企業や団体）といったあらゆる方面に向けて積極的な取り組みを続けてきた。

　まず，個人へのアプローチとしては，アスリートの家族および定期的に活動に係わっているボランティアを中心に，ニュースレターなどの情報を定期的に受信している人々を含め，広範囲を対象とした活動を実施。これまで有効だったものの一つに，「どんな事業をするために資金が必要なのか」ということを，できるだけ具体的な企画内容と数字をあげて訴えかける，というものがある。

　その一例が，「世界大会派遣プロジェクト」と銘打ったファンドレイジング活動である。これは，4年に1度開催される世界大会へ，アスリートを派

遣するために集めなければならない派遣費用の詳細を提示。さらに，世界大会に参加することでアスリートがいかに成長するかという，寄付金による成果・効果を強く訴えかけることで，百万円を超える個人寄付を集めることに成功した。

一方，法人へのアプローチだが，こちらはその法人が SON 東京へ寄付をすることによって，どんなメリットを手にできるのか。例えば PR，社会貢献，人材研修，節税等々，それぞれの法人のニーズに即したメリットを訴えるという方法をとっている。

これまで実施したプロジェクトの成功例としては，前述した「ボランティア体験プログラム」の展開があげられる。ボランティア体験を企業研修や社内のチームワークを醸成するために活用してもらうという企画提案である。研修費という名目による直接的な資金提供のほか，企業の CSR 活動に対する協力費として寄付金をいただくことが可能になっている。

法人が得られるメリットの1つとして「節税」をあげたが，これは NPO の中でも認定 NPO 法人だけが提供できるメリットであり，SON 東京としては認定を受けた 2007 年より積極的にこの事実を支援者に伝えている。

図表6　認定 NPO 法人のメリット一覧

寄付者に対する税制上の措置	個人が寄付する場合	寄付した個人の所得税の計算において，寄付金控除の対象になる
	法人が寄付する場合	寄付した法人の法人税の計算において，一般寄付金の損金限度額に加え，別枠の損金算入限度額が設けられている
	相続または遺贈により財産を取得したものが相続財産を寄付する場合	寄付した人の相続税の計算において，その寄付した財産の価額は，相続税の課税対象から除かれる（ただし，相続税の申告期限までに寄付する場合に限る）
認定 NPO 法人に対する税制上の措置	みなし寄付金制度	収益事業に属する資産のうちからその収益事業のために支出した場合，この支出を寄付金とみなし，一定の範囲内で損金算入できる

ちなみに認定NPO法人とは，NPO法人のうちその運営組織及び事業活動が，適正であること並びに公益に資することについて，一定の要件を満たすものとして，都道府県知事または指定都市の長の認定を受けた法人のことをいう。2012年7月1日現在，認定の有効期間内にある法人は264。NPO法人の総数である45,757の約0.6％と僅少な存在となっているだけに，希少価値は十分といえる。

5. 自立をサポートするためにも会場の確保は必須

　最後に，スポーツトレーニングを実施する場所の問題を紹介して，本稿を締めくくりたい。

　定期的にスポーツをするためには，いうまでもなくグラウンドや体育館，プールといった施設が必要となる。むろん自前の施設を持っているわけはないから，利用するのは基本的に，低料金で使用できる公共施設である。しかし，そうした施設はすべからく市民に平等に提供することが前提であるため，障害者関連の団体とはいえ優先利用はなかなか認められない。SON東京の各プログラムは，自ずと月単位での抽選に臨み，運良く当選した日時のみ利用するだけとなる。

　ボウリング場やプールについては，民間の施設を利用しているが，あくまでもオーナーの理解が得られた一部の施設のみである。もちろん無料ではなく，それなりの費用がかかるが，費用の一部は参加するアスリートが負担している。

　かつては企業が福利厚生用にスポーツ施設を所有しており，社会貢献活動に積極的な企業であれば，交渉の余地もあったが，長年の景気低迷によって，多くの企業が遊休資産を売却。交渉の可能性さえなくなっている。

　以上のような状況下にあって，定期的に同じ施設を借りることは非常に困難になっている。知的発達障害のある人のなかには，いつも同じ場所同じ時間帯であれば自分一人で通えるが，毎回場所や時間が変わるとなると，付き添いが必要になるという人がかなりいる。

　知的発達障害のある人たちの自立と社会参加を目指して活動している団体

であればこそ，実は，一人で会場に通えるような対応に力を注ぐべきであるが，それもままならないというわけだ。この課題を解決する確実な方法は，今のところ見いだせないままであり，行政や学校，企業などと地道に交渉を続けることで，優先的に会場使用の権利を確保することを目指すしかないと考えている。

写真3　ボランティア風景写真2

SOのボランティアは，アスリートに与えるものより，アスリートから与えられるものの方が多い。

　ビジネスの3要素は「ヒト」「モノ」「カネ」だといわれるが，SON東京においてもそれは例外ではない。ボランティアという「ヒト」，会場という「モノ」，運営資金（寄付金）という「カネ」の3要素にまつわる課題を解決することは，永遠のテーマなのだ。ゴールまでの道のりは，決して平坦とはいえないが，それでも一歩ずつ着実に，歩み続けるしかない。その先にしか，本当のソーシャル・インクルージョン（すべての人々を孤独や孤立，排除や摩擦から援護し，健康で文化的な生活の実現につなげるよう，社会の構成員として包み支え合う社会）はあり得ないのだから。

（参考資料）
遠藤雅子著『スペシャルオリンピックス』集英社新書。
渡邊浩美著「障害者スポーツの社会的可能性」立教大学大学院21世紀社会デザイン研究

科『紀要』2006 年 5 月号。

2. NPO法人わかみやクラブ

障害児放課後支援を追及する

NPOのミッション

「ただいまぁ～！」子ども達の元気な声が今日も響く。「おかえり～！」（よし，これから"真剣勝負"だぞ。がんばろう。）スタッフも大きく元気な声を出しながら，気持ちに気合を込める。そして，子ども達と"思いっきり"遊ぶ。東京都中野区にあるわかみやクラブは，障害のある中高生の放課後クラブだ。障害種別は特に定めている訳ではないが，利用者数29名中その殆どが「知的障害児」である。年々，利用希望者は増加しており，現在は両親が就労し，放課後ひとりで過ごす事が困難なお子さんを優先的に受け入れている。「保護者の就労等の事情により，放課後や学校休業日の保護に欠ける，障害のある学齢期の子どもを対象に，安全で充実した生活の場を提供し，集団活動を通して健全育成を図る」…NPO法人わかみやクラブのミッションを文字にすると，こうなる。では，具体的にこの事業が子ども達やその保護者に及ぼす影響とは何か？少し考えてみたい。

まず，子ども達。一般的に親御さんが仕事から帰ってくるまでの間，ひとりでお留守番が出来る障害児は，わかみやクラブのような放課後支援を緊急に必要としない。ひとりで留守番が「出来ない」子どもを持つ親御さんがわかみやクラブに利用

夏休みのお楽しみ。園庭での水遊び

希望の電話をかけてくるケースが殆どだ。多動であったり，危険を認識できなかったり，場合によっては，何か上手くいかない時や見通しがつかない時に人に手が出たり（他傷・他害），自分を傷つけたり（自傷）してしまう子どももいる。そういった子どもの放課後の過ごし方のひとつとして，わかみやクラブが存在する。では，決められた時間ただ安全を確保するだけの場所であっても良いのか？　僕はそうとは思わない。

　健常児（と言われる）達にとって，「放課後」や「余暇」の時間は貴重な人生勉強が出来る時間帯だ。ゲームの貸し借りをしたり，公園で集まって野球やサッカーをしたり。時には喧嘩に発展してしまう事もあるだろう。中には，怖い先輩がいるかもしれない。何かで一番になって，得意な気分になる事もある。それがフツーの「成長」というものだ。みんなそうやって大人になっていく。自分なりに社会や集団との関わり方を学んでいく。

　しかし，障害のある子どもにとっては，そういった経験のできる場所が殆どないのが現状だ。特に，学童クラブや児童館で遊べる小学生時期を過ぎると極端に少なくなる。学校か，家庭か，外に行く時はガイドヘルパーさん。その「少ない」居場所をわかみやクラブが担っている。言い換えると，「子ども達同士が影響し合って成長していく環境をプロデュース（支援）する事業」と言えるだろう。

　次に，保護者への影響。「レスパイト」という言葉がある。一般的には聞き慣れない言葉かもしれないが，"障害児者を介護する家族（特に母親）への休養や休息をもたらすために，または兄弟の学校行事や近隣の自治会活動などのように，家族が社会生活をするうえで必要な時間を保障するための対処"のことである。10年以上，この仕事に携わっていると，この「レスパイト」の持つ重みが骨身に染みてわかってくる。僕は"仕事"として障害児に関わっている。より良い支援を実践し，その対価としての報酬を給料という形で戴いている。けれども，ご家族の方々にとっては，障害児と関わるのは"生活の一部"なのだ。「家族である以上，あたりまえじゃないか」と思われるかもしれないが，実際にご家族の努力や苦労をノートで拝見すると，その心労は並大抵のことではないと実感する。また，わかみやクラブの存在

を知った保護者から「本当は家計が苦しくて働きたかったけれど，この子がいるから，無理だと思っていた」という声もよく頂く。私達の事業は「保護者支援」という側面からも必要であることに気づかされる。

活動の経緯と歴史

　2002年，「障害のある子ども達は小学校を卒業すると，どこに行けば良いの？」という保護者の方々が署名運動を開始。区地域センターの一室を借りて，保護者達が交代で子ども達の放課後の面倒を見る，というスタイルがわかみやクラブの「原型」だ。やがて，この運動は実を結び，2003年4月，廃園になった「若宮保育園」で中野区の補助金対象事業として活動を開始。僕はこの時，保護者さんから声を掛けられた。この「立ち上げ」から5年後の2006年，NPO法人格取得の話が挙がった。つまり，運営母体が保護者やスタッフではなく，「NPO法人わかみやクラブ」に移るというのである。法人格取得には，正直，賛否両論あった。"大きい社会福祉法人の傘下に入って活動した方が安定するのではないか？"という意見と"小さくてもNPO法人を立ち上げ，自分達の理想の居場所を作りたい"という意見が真っ向から対立したのだ。結局は，2年後の2008年3月に法人格を取得したのであるが，どちらの意見にも共通していた事がある。それは立ち上げ当初のスタイル，保護者のみの自主運営という形が限界に来ていた事だ。それぞれの保護者のニーズを保護者同士で内包できない程に5年間で規模も人数も大きくなっていた。

　法人格取得には一年程要したが，保護者，スタッフ達にとって，この事業への関わり方を根本から見直す良いきっかけとなった。任意団体時代は，利用保護者やスタッフの中から役員を選出し，それぞれの"熱意"で運営管理を行っていたのに対し，法人格取得後は利用保護者のスタンスは「お客様」，スタッフは「雇用されている者」というふうに変化したように思う。もちろん，利用保護者の中には熱心な方もいらっしゃって，積極的に運営に参加して下さっているのだが，全体の意識としては変わった。福祉系団体に限った

図表1　わかみやクラブ実績表

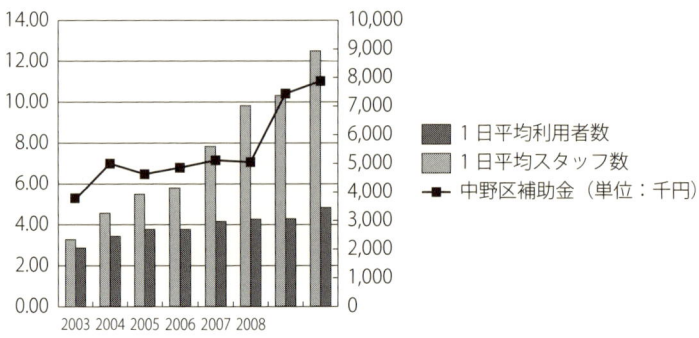

　場合，団体の立ち上げ当初は構成員の意識も高く，「自分たちがやらねば！」という熱意に満ちているが，数年経てば熱意も冷めてしまった…という話は珍しい事ではない。"熱意"だけでは事業の安定した継続は難しい。実際，利用保護者は自分の子どもの進学や就職が何より大事であるし，スタッフにしても"有償ボランティア並"の勤務ではなく，きちんとした給料で団体と"契約"したい。できれば人並みか，それ以上の報酬を得たいに決まっている。少なくとも僕の場合はそうだ。

　そして，取り巻く環境が変わった。区の補助金の増額，学校や福祉施設との関係の構築のしやすさ，寄付金品の充実などが挙げられる。とりわけ，スタッフ雇用の安定は大きい。現在，任意団体時代はスタッフ全員時給制で何の保障も無かったのに対し，現在は常勤扱いで2名，非常勤扱いで2名，アルバイト扱いで1名が稼動している。働く立場としては，保障の有無は大きい。

　そして，付け加えておかなければならないのが，「NPO法人格を取得した事が運営や雇用の安定に直結している」訳ではない。もちろん，法人格というのは大きな武器のひとつではあるが，事業のクオリティ向上を無くして発展はあり得ない。わかみやクラブでいえば，通院事故の少なさ，利用者やその保護者にいかに満足してもらえるか…所謂，「支援の質」であろう。後に述べるが，わかみやクラブのスタッフはいつも「限られたスタッフ数でいかに多くの子ども達に安全で充実した時間を提供する事ができるか」を追求し

ている。

組織の特徴

わかみやクラブ玄関の大きな手製のボードには，子ども達が墨で書いた「苦しき時の父となり／悲しき時の母となり／楽しき時の友となり」の文字がある。これがわかみやクラブのキャッチフレーズだ。

近隣で開催される駅伝への出場も恒例行事。

1.「集団意識」を大切にするプログラム

わかみやクラブでは，「話し合い」，「全体活動」，「自由活動」，「おやつ（昼食）」と一日をプログラムで区切って活動を行なっている。「話し合い」は子ども達がその日の流れを理解し見通しを立てやすくするための場，「全体活動」と「おやつ」は全員参加のメインの活動だ。もちろん，個々の趣味や興味を引き出すための「自由活動」もある。

見学者や実習生等，わかみやクラブを訪れる方々に自慢できる事がひとつある。それは，子ども達の集団意識の高さだ。「話し合い」ではみんなが整然と着席し，静かに指導員の説明を聞いている。通っている学校も様々，障害の種類も程度も幅広いが，立ち歩く子どもや私語をする子はまずいない。「全体活動」ではお互いに名前を呼び合って，その日その日の活動を楽しんでいる。他施設との交流プログラムでは，たまたま来ていた実習生の学生さんに「障害児とは思えない。健常の子ども達よりも行儀が良かったです。」と感想を貰った事も一度や二度ではない。こんな評価を頂くと「この仕事をやっていて良かった」と素直に嬉しく思う。

加えて，子ども達の学年や性別にこだわっているのも特筆すべき事項だ。月に1〜2度，公共交通機関を使って少し遠方に「お出かけ」することにしている。目的は子ども達の「適応力」の向上だ。電車やバスはいつも空いて

いる訳ではない。混んでいて座れない時だってある。そんな時はわかみやクラブ独自のルールにみんなが従う。「空いた時は，年下・女の子から」。内容の違うおやつを選ぶ時もそうだ。「年下・女の子なんて時代遅れも甚だしい」とおっしゃる方もいるかもしれないが，集団にはある一定の「ルール」が必要だ。特に，知的に障害のある子ども達にとっては，支援者のほうから事前に「物事の枠組み」を提示するほうが理解しやすい。それに，子ども達が卒業し，大人になった時の「社会のルール」のほうがずっとシビアだ。

　この「学校でも家でもない，第3の空間」が，子ども達の成長に大きく作用しているというのは，わかみやクラブに関わっている者全員が共通して感じている事ではないだろうか。「トイレが外で初めて出来た」「友達の名前を頻繁に呼ぶようになった＝他者意識を育めた」「嫌いなはずの食べ物を難なく食べた」等，挙げればキリがない。

2. 最高の支援を追及するスタッフ陣

　障害のある子ども達を日々受け入れ，充実した余暇を過ごしてもらうには，スタッフ（＝支援者）の質が大切だ。特に「障害児の集団」を率いるともなると高いスキルが要求される。「障害特性による傾向」はあるが，マニュアルはない。子ども達は「障害」児である前にひとりの人間なのだ。しかし，概ね障害のある子ども達は感情表現・言葉が得意ではない。喋れない子だってたくさんいる。その子達と意思疎通を図るため，スタッフ達はあらゆる手段を使う。発達心理学や健常児の保育，行動分析，音楽療法，リトミック…色々学問はあるが，どのスタッフも最低限のことは知識として持っている。確かに，どれも子どもとコミュニケーションを取っていく上で大切なツールだ。しかし，それだけでは良い支援は出来ない。大切なのは，支援者同士が子どもに対して共通した認識を持つ事と，集団の中における自分のポジションや求められている役割を瞬時に判断する能力だ。加えて，子ども達を引き付ける「存在感」も必要になる。これらは，机上の学習をいくら重ねたところでモノにできる訳ではない。実践の中でのみ，培われていくものなのだ。わかみやクラブでは受け入れ終了後，必ずスタッフ同士でカンファ

レンスを行っている。「○○くんのこの行動の要因は何か」「××さんに対しての対応はあれで良かったのか」等の反省に約一時間程割いている。スタッフ同士，子ども達に対しての位置取りの確認なども行われることもある。

　こう書くと，療育機関や研究機関のように誤解されるかもしれないが，そうではない。障害児の放課後クラブだ。あくまでも本質は「遊び」にある。楽しみながら子ども達同士が関わり合いを通して「社会で生きていく力」を育む場所でありたいと願っている。そのためにスタッフ達は日々，自分達の支援の質を高める努力をしているのだ。言葉遣いにしてもそうだ。子ども達に「○○先生」とは呼ばせない。あだ名でも呼ばせない。「○○さん」に徹底している。障害の有無を超えて，スタッフは「ひとりの大人」として子ども達と接するように心がけている。「自分が出来ない事は子どもに要求しない」「子どもに頑張らせる前に，まず大人が頑張れ」がスタッフ間の合言葉だ。その「頑張り」を子ども達に示すため，スタッフはそれぞれフルマラソンやハーフマラソンを完走したり，ピアノを一から練習して，拙いながらも弾けるようになった曲を発表したりしている。僕も子ども達が書いてくれた応援の色紙を手にフルマラソンを完走したことがあるが，自分が苦しい時にまず浮かぶのは，普段頑張っている子ども達の姿だったりする。

　僕達，支援者と保護者や子ども達はそれぞれ立場が違う。だから，ご本人達の苦労や努力は完全には共感しきれない部分もあるのだけれど，そんな苦労や努力に少しでも真摯に向き合えるよう，自分たちの支援に対して，常に

整然とした「話し合い」の様子　　　　お出かけ先の原っぱでの自由遊び

高い意識を持っていたいと思っている。

経営課題

　はっきり言って，NPO法人わかみやクラブを取り巻く環境は厳しいものがある。仮にこれが福祉系の任意団体であったなら，雇用体制も当面の運営も十分すぎるほどである。しかし，わかみやクラブはNPO「法人」だ。法人は有事の際も想定に入れた安定した運営を行い，ミッション達成に向け，質の高いスタッフを雇い，育てなければならない。問題点を具体的に挙げてみたい。

　まずは雇用の面。中野区はわかみやクラブの活動に対して非常に大きな理解を示してくれている。補助金も実績に応じて増額して下さっている。繰り返すようであるが，福祉系の職場としては厚遇なほうであろう。しかし，一般企業に比べると依然として見劣りしてしまう感は否めない。NPO法人として，まずは「補助金頼み」の運営からの脱却を図りたいところである。

　次に，運営母体の脆弱さだ。現場サイドでは支援の質を追及し，年々実績を残している一方で，事務処理や法人会員への広報などの法人業務が追いついていないのが現状である。所詮は放課後を過ごす場所がなく困った子ども達の保護者，支援者達だ。運営に関しては，素人集団の集まりといって良いくらいだ。これからは運営面に関しても専門的な知識や技術が必要になってくるだろう。ミッション達成を最優先目標としながらも，理事及び会員の増員等，運営組織の強化を推し進めていかなくてはならない。

　いずれにしても，「福祉系団体だから」という意識を取っ払い，法人"経営"という新たな視点が今後必要になってくるものと思われる。

まとめ

　2003年4月1日から始まった障害児の放課後支援事業，わかみやクラブ。当時，廃園になったばかりの保育園の空き室が活動スペースだった。3つあ

る部屋で使えるのは一番狭い部屋だけ。あとの部屋は保育園時代の荷物が所狭しと山積している状態。初めて受け入れる子ども達の資料も殆ど出来ていなかった。遊び道具もない，スタッフ同士，運営者同士の意思疎通もままならない，何をして子ども達と時間を過ごせば良いのかさえも分からない…。遊具や備品を買うお金にも困窮していたから，ダンボールでパズルを作ったり，粗大ゴミに出してあるソファーを譲ってもらったりして急場をしのいだ。指す方向性の違いから複数のグループ同士の言い争いも絶えなかった。まさにゼロからの，いや，むしろマイナスからのスタートだった。そんな中でも日々子ども達によりよい居場所を提供するため，実際に支援に入るスタッフは一致団結するしかなかった。中野区担当部署の方々の深い理解にも支えられ，2010年11月には素晴らしい建物への移転も終えた。これまでの8年間は，事業を軌道に乗せるためだけの時間だったと言っていいだろう。自分達の支援観を確立させること，保護者同士の意思統一を図ること，地域に根付いていくこと…スタッフや運営者はみんな，毎日が悩みとの戦いだった。暗中模索を続けながら，NPO法人格を取得した。

　仕事柄，福祉系の学校に通う学生や他の施設の職員さんとお話しする機会が多い。その中でも「障害児関係の仕事がしたい」という声をよく聞く。おそらく福祉系の職種の中では「障害児関係の仕事」の人気は高いと思う。しかし，実際に常勤として働ける職場は東京都内を探しても非常に少ない。僕は幸運にもその機会に恵まれ，その障害児の放課後クラブのスタッフとして，また運営の主軸として働き日々の生活を送っている。自分のアイデアがすぐに実践できる職場なんて，それほど無いだろう。「自分のやりたい事が仕事に出来て本当に幸せだね」とか「遊ぶのが仕事でしょ」と羨ましがられる事もある。そう言われると悪い気はしないが，日々のしかかってくる重圧はとてつもなく大きいし，道は険しい。生活の安定を考えるなら，サラリーマンをしている方が安全だ。事業の立ち上げからNPO法人格を取得し，軌道に乗るまでは波乱の連続だった。当時はもちろん何の生活保障も無く，雑務に追われ他にアルバイト等の兼業も出来ない状態。まだまだ認知されていなかったこの事業を推進している，という誇りや，子ども達に対する思い入

れはこれ以上ない位強かった反面，同年代で会社勤めの友人が当時の僕よりもはるかに多い給料を貰い，安定した生活を送っている事が羨ましくて仕方がなかった。

　信念はあったけれど，一方で常に不安がつきまとった。その都度，周りの同業種の先輩方の応援や親御さん達の励ましに支えられた。「ひとつの事業を立ち上げ，運営していく」のは，不安定で実に頼りない側面もあるのだ。理想を掲げるのは容易いが，実際に運営し様々なニーズに応えていくとなると半端な気持ちでは続けていくのは難しい。そして，それを支えているのは，運営者のミッション実現に対する飽くなき信念と，そのミッションを理解し応援して下さる方々の存在だ。遊びに没頭する子ども達の楽しそうな笑顔や真剣な表情，連絡ノートに親御さんが何気なく書いてくれる「いつもありがとうございます」の文字が日々を支えている。

　今後，わかみやクラブがどこに向かって進んでいるのか，果たして，この事業にとってNPO法人という運営母体は完成形なのか，それとも通過点であるのかすらわからない。ただ，障害児の放課後支援という事業のクオリティを日々ひたすら追求している事だけは確かだ。

　最後に，僕が悩んでいた時に，父親からもらったひとことを記しておきたい。

　「お前の仕事は何や？　金儲けのためにやっとるんか？　お前のやる事は真心込めて子どもを育てる事やろ？」

　…NPO法人運営がどういうことか，このひとことに集約されている気がしている。

3. NPO法人高齢社会の食と職を考えるチャンプルーの会

コミュニティカフェ「レストランサラ」を核に，
住み慣れた地域で安心して歳を取る社会を目指す事業

ミッション

　特定非営利活動法人　高齢社会の食と職を考えるチャンプルーの会（以下NPO法人 高齢社会の食と職を考えるチャンプルーの会）は，「安心安全な食材を使った食事と人と出会い，楽しみを見つけられるレストランを作ることで，高齢者の食と働く場を提供し，住み慣れた地域で安心して歳を取る社会をつくること」（定款第3条）を目的としている。

　活動分野は，1.保健，医療又は福祉の増進を図る活動，3.まちづくりの推進を図る活動，10.男女共同参画社会の形成の促進を図る活動，17.前各号に掲げる活動を行う団体の運営又は活動に関する連絡，助言又は援助の活動，である。

　名称にあるチャンプルーとは，琉球語で「混ぜこぜにした」という意味である。高齢者から子どもまでいろいろな世代が「混ぜこぜ」になって，地域で生活を支え合う仕組みを作りたいという願いが込められている。

　歳をとっても，住み慣れた地域で安心して暮らし続けたいというあたりまえの願いをかなえるには，近くに自分を気にかけてくれる人がいればまずは安心できる。そのための人と人の関係を新たに作る「仕掛け」として，「レストランサラ」，「デイサービスサラ」，「ひろばサラ」を運営している。

　高齢者が食事や会話を楽しむことができる「レストランサラ」を核に，外出困難者を対象とするお弁当の配達や認知症の方のためのデイサービス，講

座やお稽古事などの幅広い生活支援事業を展開し，住み続けられる地域をつくるための活動を展開している。

「行政サービスが削られる中，高齢者の生活は年々厳しくなっています。こういうときに頼れるのは"人の繋がり"しかありません」と代表理事の紀平容子さんは語っている。

経緯（歴史）

1. 設立の経緯
(1) 活動のきっかけ

紀平さんは近所の中高年の女性仲間と老後について話をした時に「自分達が歳をとっても，住み慣れた地域で楽しく暮らしていくための"居場所"がほしい」と仲間と意気投合する。

さらに，有機食材で身体にいい食事をレストランが提供することは，高齢者の健康を保ち，そこにつどうことで地域に友だちの輪を広げることもでき，また，お店に関わることで生きがいを持つことができる，と考えたことが活動のきっかけとなる。1998年4月，自分達の老後に備えて仲間10人で活動をスタートした。

しかし，高齢者がどの様な食事を好むのかもわからないことから，議論の結果ニーズ調査をすることになった。調査のために食事会を開催することを決め，チラシを団地に撒くが初回の参加者はゼロであった。そこで高齢者の方が集まっている老人会に，月1回の食事会を提案し了解を得る。老人会としては，仲間で一緒に食べる食事会の提案は，健康管理や懇親の場となるなど有意義で

レストラン　サラ

あったため了解をえられた。チャンプルーの会は，どちらにも良い結果を得られる「WIN WIN」の関係を提案したのである。

　月1回開かれる老人会に様々なメニューを出してみたところ，自分達が思い込んでいた高齢者の食事の嗜好とは違っていることがわかった。まず，さっぱりしたものを好むと思い込んでいたが，ボリュームのあるものも好むということがわかった。高齢者の方も魚より肉が食べたいこともあるし，ラーメンやとんかつなど脂っぽいものも食べたいと思う時もあることを知る。レストランサラを開店するまでこのニーズ調査を続け，魚と肉が選べるメニューを決定する。量も，「普通，少なめ，多め」を用意した。

　また，お年寄りは意欲的で，習い事や講座，コンサートなど積極的に活動したいこともわかった。この間のニーズ調査で，困ったときに助けてもらえる仕組みとともに，習い事等のやりたいことができる場を併設した，付加価値をつけたレストランのイメージが固まる。まだコミュニティ・カフェという言葉もなく，概念も一般的ではない時から，こうした多目的な居場所として，レストランサラを位置づけている。

　ちなみにサラの名前の由来は，アメリカの児童書「のっぽのサラ」。タイ語で「人が集まる場所」という意味もある。レストランサラでは，「サラばあさん」をマスコットにしている。

　(2) 開店まで

　レストランサラは，JR中央線の国立駅からバスで約10分の，立川市の住宅地にある，「けやき台団地」に隣接する「エルロード商店街」にある。1966年にできた約1,400所帯が住むこの団地は，高度成長期に大量に建てられた典型的な公団住宅で築45年を過ぎ，入居時に子育て中だった住民の高齢化が進んでいる。既に高齢化率は20％を超え，これから本格化する高齢社会を先取りする地域となっている。商店街も空き店舗が目立つようになっていたが，その空き店舗の1つでレストランサラは開店する。

　開店するためには，敷金等と共に，料理をするための厨房など改装費が必要になる。この初期投資費用をまかなうために，コンセプトを明確にし，事業内容を企画書にまとめ，交友関係を中心に出資を呼びかけることにした。

まずは，自己資金を200万円用意した。口コミで出資の話が伝わり，数カ月で50人から212万円以上の出資金（5年後から返済可）が集まる。出資は，開店当初は運転資金に余裕がないと考え，5年後から返済が可能になる方式にしている。そのほかにカンパ15万円が集まった。国民金融公庫からは300万円の融資をうけることができ，合計727万円が開店資金となる。

出資をつのるには，まず，自分達がリスクを取ることが前提になる。リスクを取らずに，他の方に賛同してもらおうとしてもなかなか難しい。自己資金があってこそ，足りない分を応援しようと思う。紀平さん達は，きちんと自分達のお腹を痛めてから，他の方に出資をお願いしている。

そのほかには，備品としてテーブルや椅子は特注し，定食用の食器などは揃えたが，鍋やその他の食器など「物」の寄付も集め，構想から8カ月の1999年2月に開店をする。

出資や寄付を集める効果は，資金を調達できるということだけではなく，レストランサラの経営に関わる人たちをより多く集めることになり，レストランサラの応援団を増やすことになる。

翌年2000年4月にNPO法人の認証を得る。

活動の経緯

1. 起死回生の配食サービス

開店当初は，関係者の宣伝もあり来客数は多く大変繁盛する。ところが素人レストランであったため，あっという間に客離れが起こる。きちんとレストランなどの店舗に行って経験を積んでいないため，オーダーの順番どおりに客に食事を出すことができずに怒られたり，長時間待たせたりなど，サービス提供の「いろは」ができていなかった。

客離れにより経営的に厳しくなり，何とか1人暮らしの70代の常連にレストランサラは支えられる。しかし，このままでは赤字が累積していくことになり，何か考えなければならなかった。

そこで，レストランに来ることができない人から，お弁当を届けてもらえ

ないかという声があったことや厨房を有効に活用するために，配食サービスを行うことを決める。しかし，お弁当はレストランに来て食べるものとは違うメニューを用意しなければならない。ある程度は冷めてもおいしいもの，来店できない状況の人の体力に合わせたメニューなどを検討するために，今度もまた試食会を開催する。

今回は，地域のケアマネージャー，老人保健施設のスタッフ，行政の高齢者福祉の担当者，在宅介護の家族など専門家に試食をお願いする。専門家は在宅の高齢者のくらしを知っているだけではなく，配食サービスを利用する顧客を知っている。ここからの顧客の紹介は，チラシより効果は抜群だったという。お弁当は，主食4種類など細かいニーズに応えたお弁当と安否確認で，採算のとれる事業が成立し，何とか事業を継続することができるようになる。現在は昼・夜1日平均50〜60食を配達。そのなかには，国分寺市，立川市の委託を受けて安否確認をしながらお届けするお弁当も含まれている。

配達は退職した男性の有償ボランティアが担ってくれた。お弁当を配達した時に，庭で動けなくなっていた人を発見するなど見守りの効果もあった。

また，2004年からは，近くの農地を借りて「サラ農園」をはじめ，それまで40％と高かった食材の費用が，レストランなどの標準の比率である25％になった。農園は男性のボランティアの方が耕作をしていたが，現在は，農地の返還があったため中断している。

レストランサラの経営は，基本的な事業であるレストランと配食サービスの2本立てで軌道にのる。

2．空き店舗対策の行政支援を活用

何とかぎりぎりの経営でレストランサラを運営している時に，商店街活性化のため，店舗の改装費や家賃を補助する，立川市や東京都の補助事業の情報を得て活用を考える。

実は，設立当初のコンセプトどおりに，レストランサラの2階で講座や習い事を開いてきたが，レストランとの両立は限界にきていた。レストランサ

ラでゆっくり食事を楽しんでいる横を通り，2階に行かなければならないことや，2階での活動が1階に聞こえるなど，同じ店舗で活動する限界を迎えていた。紀平さんはこうした状況のなか，家賃補助のある期間を有効に使って事業の展開をすることを考え，チャンスと捉えて空き店舗対策の助成金申請を行なう。補助事業申請者の資格の中に，NPO法人があり，法人化をしていたことが役にたって申請することができた。

だが，ただでさえ経営が厳しいのにもう一店舗を借りることには，理事会で反対があった。また，3年間で家賃補助は終了する。3年目までに継続できる事業を作り上げて行く事が課題となった。

無事申請が通り，3分の2の家賃補助を受けて，「フリースペースひろばサラ」をオープンする。「フリースペースひろばサラ」では，介護保険の講座や習い事や落語なども行い，高齢者や住民がつどえる場となる。

3. デイサービスサラの誕生

こうして，食は「レストランサラ」で，生きがいは，「ひろばサラ」で提供することができるようになった。

しかし，3年間で補助は切れる。事業を継続していくには，それまでにこの補助期間を活用し，赤字にならない自主事業をつくりあげる必要があった。

レストランサラは，配食サービスをするなか，介護が必要な高齢者の在宅の支援も視野に入ってくるようになっていた。老老介護の方ばかりではなく，親子であっても認知症の高齢者の方を24時間見ているのは難しい。そうしたニーズに対応するために，デイサービスの必要性を感じていた。介護保険で行うデイサービスは，定期的な保険料が収入とし

デイサービス　サラ

て見込めるため，継続した事業が行なえる。補助期間が切れる3年後を見据え，この間に介護保険法を活用しデイサービスサラのオープンを模索することになった。

　最初は，理事会や会員など内部の理解をえるために，1週間に1日のミニデーサービス「ひめりんご」を立ち上げる。同時に介護保険講座，ボランティア講座などを実施し，利用者のニーズを把握する活動も始める。また「ひめりんご」の運営は，職員にデイサービスのノウハウを経験してもらう場でもあった。

　準備が整う中，管理責任者を選ばなければならなかったが，近所の日頃からこの方は，と思う人に声をかけ採用している。様々な場で人材を見る目を養った紀平さんならではのリクルートであった。

　3年後の2003年5月に家賃補助1年分を残して，収益事業「デイサービスサラ」を開設。2006年からは，認知症の利用者3名と一般6名を受け入れている。

　場所としては，元は店舗なので広さや設備は十分ではないが，1人1人の状態や考えに添った対応で，認知症の症状が改善されるなどの効果をあげている。また，デイサービスの店舗の裏の空き地に小さな部屋が立っていて，そこではさき織の機織機が置いてあり，利用者の方も制作している。年に1回さき織展が開催される。

4．3店舗目の「新ひろばサラ」

　デイサービスサラの開所に伴い，「ひろばサラ」は，またデイサービスの2階で活動が行なわれることになった。そのため，「ひろばサラ」の活動場所についてはそれからも模索していた時，偶然レストランサラの隣の店舗が閉店し空き店舗になる。レストランサラもお弁当作りの時など，台所や詰め合わせをする場所が狭くなっていたこともあり，「ひろばサラ」の開店に向け検討を始める。

　今度は目的意識的に，補助などの助成金情報を積極的に集め，「東京都の空き店舗活用推進事業」に申請を行なった。申請が通り，2008年6月に，

レストランサラの隣に，3店目の「新ひろばサラ」を開設した。

レストランサラの隣であったため，裏の厨房部分の壁を取り払い，レストランサラの厨房スペースにつなげた改装にしている。

活動は，これまでの生け花や音楽教室に加え，スタッフの提案による子育て中の親子の居場所など，子育て支援も行なうようになる。

ひろばサラのオカリナ教室

「にじのたまご」は，地域で子どもたちに対する活動を続けてきた個人・団体と連携し，月2回土曜の午前中行なわれている親子で参加できる講座である。工作・わらべうた・読み聞かせ・語りなど，どれも楽しさ溢れる内容になっている。

5．助成金を活用した事業

NPO法人の事業経営は，課題が出てきた時に前例がない場合が多い。その解決はその都度検討する必要がある。チャンプルーの会は，「レストランサラ」のメニューの開発に，中央労働金庫の助成金制度を活用し実施した。通常の事業収入からは，利益率が低いため開発費は捻出できないが，NPO法人であることを活用し，助成金を獲得しながら次の事業を作っていくことができる。助成をする団体側も次の事業につなげられる企画を希望するところが多い。

10年目になった時，チャンプルーの会は，安定した経営，組織内部の意思一致などを目的に，生活協同組合パルシステム連合会の「食・農等コミュニティビジネス・モデル事業」で経営支援を受ける。講義や中小企業診断士などの専門家のコンサルティングを受け，これまでの10年の成果を次の事業展開につなげた。同時にワークショップ形式のコンサルティングに職員も参加した結果，人材育成の成果も獲得した。職員は，ボランタリィーな活動とともに，事業収入の安定や継続について，高い意識を持っていることがわ

かった。今後の事業を開発しながら，職員の待遇改善も図っていきたいということが明らかになる。

　チャンプルーの会の活動開始から10年の活動は，これからNPO法人を立ち上げて「人と人のつながりを創り，安心して歳をとれるまちづくり」を目指す人たちや団体，勉強したい人に参考になる。そこで，立ち上げ期の3年間を中心にした記録集「商店街にNPOがやってきた！」を発行した。さらに助成金を申請し，「サラばあさんの覚めない夢～つながりがまちを変える」と銘打った記録集を作り販売する。こうした事業は，地道な収入源を確保すると同時に，団体のこれまでの活動を振り返ることができる貴重な機会となる。

6. その他の事業

　この間コミュニティビジネスの事例として，チャンプルーの会の活動が注目されるようになり，様々なところで活動の紹介がされ，知名度も高くなっていった。また，この間企業のCSR（企業の社会的貢献）も一般化していく傾向にあった。こうした状況のなか，地域密着型の活動として評価が高くなったチャンプルーの会に，様々な企業からの研修要請があり，受け入れを行なっている。

　また，チャンプルーの会の3つの事業をガイダンスつきで巡る見学ツアーの資料として，「サラばあさん見学福袋」を作り，5,000円で販売している。特製エコバッグの中に，各種資料（パンフレット・サラ通信最新号・主な掲載記事・最近の催し物のチラシ・レストランサラのメニューなど）と，記録集上記1冊や記念品が入っている。小さな事業もきちんと積み上げてきている。

組織の特徴

　NPO法人高齢社会の食と職を考えるチャンプルーの会（以下チャンプルーの会）は，事業高は3,520万円（2010年度），会員数80人の地域密着型

図表1　チャンプルーの会組織図

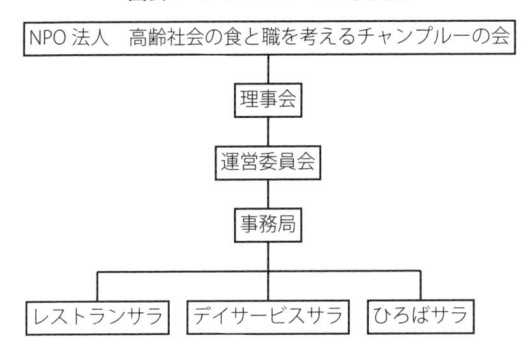

```
NPO法人　高齢社会の食と職を考えるチャンプルーの会
                    │
                  理事会
                    │
                 運営委員会
                    │
                  事務局
                    │
     ┌──────────────┼──────────────┐
 レストランサラ　　デイサービスサラ　　ひろばサラ
```

の組織である。

事業はコミュニティレストランの「レストランサラ」，介護保険事業の「デイサービスサラ」，講座やお稽古事，子育て支援などを行なう「ひろばサラ」の3事業である。

2010年度の各事業高は，「レストランサラ」は設立当初からの事業で，事業高1,380万円，介護保険事業のデイサービスサラは2,140万である。「ひろばサラ」は固定的な収入源はまだない。定期的な安定した介護保険事業である「デイサービスサラ」が収入の柱となっていて，サービス内容の良さから利用者は拡大傾向にある。レストランサラの事業高は概ね横ばいである。

事業規模から見て会員数は多く，広く意見を集めて事業活動を進めて運営をしている。

チャンプルーの会に対し，地域の人は様々な関わり方をしている。最初の立ち上げの時から，出資，寄付や物資提供などの資金参加をしている人たちがいる。有償ボランティアで配達をするなど運営参加の人たちもいる。直接運営に参加する直接支援とお金や情報を出す間接支援の両方の支援者にバランス良く支えられている。

商店街には団体として参加するなど，団地自治体も含め地域団体と良好な関係を持っている。

事業全体は，代表理事の紀平さんが統括しているが，それぞれの部門の職員の意見を聞きながら事業経営を進めるボトムアップ型の管理運営方式を取っている。

機関会議は，11名の理事が構成する理事会と実際の事業推進を担う6名が構成する運営委員会で構成されている。運営委員会で実質的な事業を進めているが，事業の進捗はしっかりと理事会の了解を得ながら進めている。

経営課題と今後の活動

　10年目に，事業の安定した経営，組織内部の意思一致を図るため，パルシステム連合会の助成金で経営支援を受け，結果，事業性を高めて職員の待遇改善を図っていくことになった。あらたに若い既婚の男性職員も雇用し，次の事業開発の準備は整ってきている。同時に世代交代も見据え，今後の事業を展開する時期でもあると考えている。

　事業経営では，「ひろばサラ」の安定した事業を作ることと，各事業間の意識の共有が課題となっている。現在は事業ごとに雇用形態が異なっている。今後はチャンプルーの会としての雇用体制を整理していくことも考える時期になっている。

　2010年度は，様々な機関と連携し，1人暮らしの高齢者支援として，緊急時の対応ノートを作成する新しい取り組みに参加している。

　新たな事業も間もなく始まる。レストランで実施している弁当配達で接する独居高齢者などを対象に，ゴミ出しから預金の払い出しまで，種々雑多なサービスを行おうという「サラ安心サービス」を実験的に開始している。行政機関との連携やマニュアルづくりも進めている。

　高齢者支援の事業は，サラ単独では解決しないことに対しても，機会を掴み，ネットワークで挑戦している。

　また，「10年後のサラを描くプロジェクト」を設置し2011年度より検討をはじめる。

　2011年7月に，ショートスティやデイサービスの施設を備えた介護保険事業所やコミュニティレストラン，診療所，総合相談窓口などが入居している共同住宅の建設が千葉のURで立ち上がった。けやき台団地も45年を経過した団地であり，立て替えの話があってもおかしくない。今後は，団地の立て替えに備え，「住民が安心して最後まで住み続けられる地域」をつくるために，現在の3事業を軸にさらに必要な事業を立ち上げていきたいと考えている。

4. NPO法人ファザーリング・ジャパン

Fathering＝父親であることを楽しもう

ミッション

　「子どもが生まれ，父親になったら，仕事も育児も両立しながら楽しんで生きていきたい。」そうした『Fathering＝父親であることを楽しもう』という意識をもった若い世代の男性たちが，いま確実に増えている。しかし日本の職場や社会の意識は旧態依然のまま。長時間労働を強いる会社と，子育て参加をしてほしいと願う妻のプレッシャーに挟まれ，「ワーク・ライフバランス」に苦しんでいるのは，そうした子育て世代の父親たちかもしれない。

　少子化先進国のカナダでは「父親支援」が政府プロジェクトとして推進され，いまやほとんどの企業は，男性の出産・育児休暇を認めている。男性社員が家族との時間を確保するのに早い時間に退社しても，上司にも同僚にも不誠実だとは思われることはない。それは「家庭での役割を担っている男性社員ほど，労働者としての生産性も高い」という企業を対象にした共通認識があるからである。また，現在，欧米の有力企業は成長性を高める企業活動の要因のひとつとして，「社員の生活との共生」を掲げ，経営戦略として「ワーク・ライフプログラム」の充実を図り，子育て世代（中核社員）の優秀な人材の確保・流出防止に努めている。

　日本の企業もそういう風に意識が変わり，そこに勤める父親たちが開放，啓発され精神的に成長・自立し，家庭や地域に積極的にコミットするようになれば，社会も大きく変わっていくのではないだろうか。

　子どもを大切にする社会は，母親たちのストレスを減少させ，子どもたち

に安心と笑顔をもたらす。そして中・長期的にみれば，進む少子化にブレーキがかかったり，大きな社会不安となっている，子どもや女性を取り巻くさまざまな問題・犯罪事件の減少につながっていくのではないかと，私たちは考えている（ファザーリング・ジャパン代表理事　安藤哲也）。

メンバーと会議　　　　　　　　　　イクメンパパメンバー達

図表1　ファザーリング・ジャパンのミッションと分野

ミッション 　父親支援事業による「Fathering」の理解・浸透こそが，「よい父親」ではなく「笑っている父親」を増やし，ひいてはそれが働き方の見直し，企業の意識改革，社会不安の解消，次世代の育成に繋がり，10年後，20年後の日本社会に大きな変革をもたらすということを信じ，これを目的としてさまざまな事業を展開していくソーシャルビジネス・プロジェクトを推進します。
活動分野 　① 社会教育の推進を図る活動 　② 地域安全活動 　③ 人権の擁護又は平和の推進を図る活動 　④ 国際協力の活動 　⑤ 男女共同参画社会の形成の促進を図る活動 　⑥ 子どもの健全育成を図る活動 　⑦ 以上の活動を行う団体の運営又は活動に関する連絡，助言又は援助の活動

経緯と歴史

1. 設立の経緯

2009年に国内で生まれた赤ちゃんの数は，2008年より約22,000人少ない

1,069,000人（2009年，厚生労働省「人口動態統計の年間推移」）。2年ぶりに再び減少に転じた。

「男女雇用機会均等法」の施行から，今年で25年。「男女共同参画社会基本法」が公布・施行されてから11年。働く女性の環境や子育ての現場を改善しようと様々な試みが行われてきた。しかし，「子どもをもっと増やしたいか」という質問に，スウェーデンやアメリカは，約81％もの男女が「増やしたい」と答えるのに対し，日本は42.6％の人しか「増やしたい」とは考えていない（2005年，内閣府「少子化に関する国際意識調査」）。子育ての環境整備が進まず，日本人の間にあきらめにも似た気持が広がっているようにも見える。

「どうすれば，子どもを産み，育てる環境を整えることができるか」こう自らに問うてみるとき，ジョン・レノンとオノ・ヨーコを思い浮かべる。小学校5年生のとき，兄の持っていたビートルズのアルバム「アビイ・ロード」に知らない世界を見つけた。その後，人気絶頂にあったジョン・レノンが音楽活動から一切身を引き，「子育てに専念する」ことを聞いた。将来自分が家庭を持ったら「ジョンのような父親になりたい」とイメージした。

出版社，書店，IT企業など9回の転職を経て，仕事面ではある程度の自己実現もできていたが，このまま数字を追いかけていくパワーゲームをやり続けても，年収が上がるとか，会社の地位が上がるとか，その程度の達成感しかない。子どもが産まれたとき，男だって1回自分の人生を再構築できるんじゃないかと思った。オムツ替えから食事の支度まで，また保育園の父母会で会長をやったり，いろいろなコミュニティとのつきあいも広がっていった。強引なギアチェンジではあるが，「父親」という新しいOSへの入れ替え作業に着手する時期がきたようだ。

『幸せの新しいものさし〜一足先に次の豊かさを見つけた11人─子育てのものさし』博報堂大学・幸せのものさし編集部著（PHP研究所），『パパの極意〜仕事も育児も楽しむ生き方』安藤哲也著（日本放送出版協会）より

2. 活動の歴史

2006年11月27日　　団体発足，設立総会開催
2006年12月13日　　東京都へNPO法人設立申請
2007年3月29日　　 特定非営利活動法人東京都認証取得
2007年4月4日　　　登記完了，法人設立

図表2　2007年の活動

4/13	14:00～アカデミーヒルズ49Fにて，立上げの記者発表
4/24	第1回Fatheringセミナー開催
5/31	第2回Fatheringセミナー開催
6/15	三井ホーム「papa@home」で座談会
6/27	関西学院大学とのジョイントセミナー　大阪
6/28	トヨタ自動車 VOXYキャンペーンにて「父チカラ診断」UP
9/19	「子育てパパ力」受付スタート
10/19	子育てパパ力検定　公式テキスト＆問題集発売　　　　　　　　　　　　　など

図表3　2008年の活動

1/6	メールマガジン配信開始
3/8	安藤パパの新刊『パパの極意』NHK出版より発売
4/15	「第2回父親が子育てしやすい会社アンケート」リリース
4/24	軽井沢の森で「子育てパパ力」を磨くツアー開催
5/15	「おとうさんソング♪」iTunes Storeにて配信開始
6/24	パパ力を磨くツアー第2弾「夏のワイルドキャンプ」開催
7/5	広島支部で，パパの子育て講座開催
7/24	おとうさんソング，ケータイ着うた配信開始
10/21	テンプスタッフと共催　共働き子育て応援セミナー
11/5	都立西高にて「父親授業」を支援
11/22	都庁にて「とうきょうパパサミット」開催
12/17	安藤新刊『パパのためのRockn絵本ガイド』発売
12/24	内閣府「ゼロから考える少子化対策プロジェクトチーム」に任命　　　　　　など

図表4　2009年の活動

1/16	こどもの城にて「父親ネットワークサミット」開催
1/27	テンプスタッフコラボセミナー第3弾「女性のためのパートナー選び」
2/13	フレンチトースト基金の創設記者発表，NHK，共同などが報道
3/4	フレンチトースト基金，寄付先銀行口座開設
5/2	21:00～NHK教育「子どもサポートネット」生出演
6/14	東京都と協働で，父親相談事業スタート　第1弾「パパのしゃべり場」
6/17	ニフティとコラボ，育児ブログ「パパスイッチ」スタート
7/10	文化放送「大竹まことのゴールデンラジオ」出演
8/3	総選挙を前に子育て環境に関して緊急政党アンケート実施
8/26	『パパルール～あなたの家族を101倍ハッピーにする本』発売

Fathering＝父親であることを楽しもう

10/24	大妻女子大学園祭りで，女子大生と大討論会
10/29	着ると子育てが楽しくなるTシャツ「パパT」販売スタート
11/13	F・Jの英語版サイトスタート，海外の父親支援団体と連携推進
12/23	電通・ジセダイ育成委員会との事業アライアンス，スタート　など

図表5　2010年の活動

1/21	ファザーリングスクール第2期の基調講演，小渕優子さん
1/26	観光庁主催「休暇シンポジウム」に参加
2/2	子ども・子育てビジョン，緊急アンケート
3/16	緊急フォーラム「父親たちで考える児童虐待問題」開催
3/24	九州支部旗揚げ
4/9	BSフジ「プライムニュース」に出演
4/10	育児パパ向け産後料理セミナー開催
4/15	育休宣言した文京区長と対談
6/17	厚労省イクメンプロジェクト発足，推進チーム座長に就任
7/24	第15回，国際女性ビジネス会議で登壇
8/30	世界7ヵ国のパパが大集合「パパサミット」開催
9/3	ベルリンで開催されるWLB国際会議に海外遠征
9/8	高島屋で，バッグやベビーキャリアなどのイクメングッズ開発
9/30	アサヒビールと共催，食育生活応援イベント「パパカフェ」開催　など

講義風景　　　パパ's絵本ライブ　　　パパ's絵本読み聞かせ

活動の特徴

　ファザーリング・ジャパン（FJ）のソーシャルビジネス・プロジェクトは，①講演会，セミナー（2010年度実績：年間300回以上），ワークショップ，フォーラムの開催　②ファザーリング・スクール（父親学校）の開講　③サンキューパパ・プロジェクト　④ペンギンパパ・プロジェクト　⑤イクジイ・プロジェクト　⑥タイガーマスク基金　⑦子育てパパ力検定（1回の受講者：1,000人の実績）　⑧企業提携・コンサルティング　⑨調査　⑩物販事業であり，①～⑩の内容は次のとおりである。

図表6　ファザーリング・ジャパン事業活動

①講演会セミナーワークショップフォーラム	「パパの極意～仕事も育児も楽しむ生き方」「笑っている父親になろう」「ファザーリングのすすめ」「仕事と育児のハッピーバランス」などのファザーリングセミナー，「ワークライフバランスセミナー」「男性の育休取得促進セミナー」「地域での子育てセミナー」フォーラムやシンポジウム，「父親の遊び・絵本・料理講座」など，多様な父親支援のプログラムを実施・提供している。また，父親だけでなく，母親，学生，プレパパ，プレママ，祖父母向けのプログラムも行っている。
②ファザーリングスクール	男性が育児を楽しむために必要なマインド（育児意欲を高める），スキル（子育て技術を習得する），知識（育児知識を学習する）を学び，ネットワーク（パパ友）をつくることを通して，「笑っている父親」になれるスクール。
③さんきゅーパパプロジェクト	改正育児介護休業法で，パパだけに認められた産後8週間の育児休業を「パパ産休」と名付け，この期間に育休を取得する男性（さんきゅーパパ）を増やすことで父親の育児参画を促し，子育て家庭における夫婦の調和，親子の絆を確かなものとする。また企業，国，自治体等におけるワークライフバランスや次世代育成の取組みを推進することを目的とした，社会変革プロジェクトである。
④ペンギンパパプロジェクト	産後うつのママをサポートするため，社団法人日本助産師会と提携して，産後うつの対応と予防を目的とする事業。特に出産を控えた，あるいは乳児のいる父親たちへの意識の向上に力を入れ，行政や関係機関に対しても総合的支援や，子どものいる男性の働き方改善の必要性を訴えていく。
⑤イクジイプロジェクト	イクメンは確かに増えた。でもまだ育児をやりたくても事情を抱え，できないパパは多い。そんな状況を補完して，おじいちゃんも一緒に笑顔で子育てに加わってほしい。「定年は社会的リタイアではない」。各種研修セミナーでイクジイの道を究め，また実際に社会事業（災害ボランティアなど）に携わって，その智恵と力を活かしていただきたい。
⑥タイガーマスク基金	常態化しつつある育児放棄を含む児童への虐待のニュースに私たちは心を痛める。父親が意識的に育児を楽しむことが最大の虐待予防であると確信し提唱しているが，すでに精神的身体的に虐待を受けて，現在，施設で暮らしている子どもたち。とりわけ高校を卒業し施設から自立し社会に旅立つ青少年への目に見える支援，子どもたちが直に受け取ることのできる支援を考えた。タイガーマスク，伊達直人を名乗る匿名による物品寄付行動の機運もある。こうした単発の寄付行為ではなく，私たちはここに基金を立上げ，施設で暮らす子どもたちの成長，自立支援を行う。寄付者と子どもたちを可視的に繋げ，託された基金が子どもたちの成長や自立にどのように役立つか，双方が共有できる道筋を拓いていきたいと思っている。
⑦子育てパパ力検定	赤ちゃんのケアや，育児関係の情報など四者択一の50の問と，作文が出題され，合否ではなく，高得点の「スーパーパパ」から，「ナイスパパ」，「チャレンジパパ」，まだまだの「ドキドキパパ」まで4段階でパパ力が検定される。2011年夏には，i-Phone用アプリも販売開始。
⑧企業提携・コンサルティング	・ニフティ×FJ　育児ブログメディア「パパスイッチ」・OK Wave×FJ「教えて！ファザーリングパパ育児Q＆A」・電通ジゼダイプロジェクト「高感度パパパネル powerd byFJ」・赤ちゃん本舗×FJコラボイベント「プレパパナイトツアー」・アサヒビール×FJパパの楽しい食育生活応援イベント「パパカフェ」・高島屋×FJ　イクメングッズ協同開発「楽しもう！イクメン」・NTTドコモ法人営業部「パパ力向上委員会」・コクヨ×ニフティ「パパ交流会」など
⑨調査	アンケート内容 ・乳幼児パパたちの隠れ育休（厚生労働省が毎年発表する男性の育児休業取得率が伸び悩んでいることから，育児休業制度とは別に，有給休暇などを利用して産後の妻のサポートや育児のための休日を取得する）・男性の育児休暇についての女性の意識調査・子育て環境と子育て世代の父親に関する政党アンケート・父親が子育てしやすい会社アンケート（FJ×第一生命経済研究所）　など
⑩物販事業	Tシャツ着ると育児が楽しくなる【パパT～FJ・Tシャツ】の発売（東日本大震災特別支援活動―パパエイド募金「被災地のパパ友を救おう」への寄付が含まれている）

Fathering＝父親であることを楽しもう

経営課題

図表 7 ファザーリング・ジャパン収支計算書　平成 19 年度～平成 22 年度

(単位:円)

科　目	19 年度	20 年度	21 年度	22 年度
経常収入の部				
会費・入会金収入	1,830,000	1,070,000	2,100,000	2,840,000
事業収入（講演会・セミナー・スクール）	7,792,392	6,634,616	12,307,170	22,925,286
補助金・助成金収入		1,500,000		1,337,000
寄付金収入	800,000	400,000		3,022,611
その他の収入	3,616	3,154	10,717	847
経常収入合計	10,426,008	9,607,770	14,417,887	30,125,744
経常支出の部				
事業費（講演会・セミナー・スクール）	398,854	486,203	968,311	3,405,743
調査・研究事業費	307,260	92,730	174,768	3,468,128
普及啓発事業費	11,127,608	981,401	471,389	1,168,596
他の団体との連携事業費		4,093,725	3,832,627	5,873,639
管理費（給与含む）	4,553,776	3,885,143	4,876,337	11,764,652
経常支出合計	16,387,498	9,539,202	10,323,432	25,680,758
経常収支差額	△ 5,961,490	68,568	4,094,455	4,444,986
その他の資金支出			8,227	
当期収支差額	△ 5,961,490	68,568	4,086,228	4,444,986

　図表 7 のように，第一期目は赤字であった。これは設立直後，普及啓発事業費約 1,000 万円を投じ，オープンアドバルーンとしてアカデミーヒルズで立上げの記者発表を行ったり，子育てパパ力検定を開催したことによるものである。この「打ち上げ花火」には海外を含め 150 程のメディアが参加した。この立ち上げ企画によって，現在では講演会等の依頼が十倍に増え，確実にリターンしている。21 年度までは前期繰越による赤字が続いたが，22 年度は黒字に転じている。オープン時の 1,000 万円借入の完済は間近である。このようにファザーリング・ジャパンのソーシャルビジネスは順調に進展している。

　利益を追求している訳ではなくミッションの達成に向かって走っている。とはいえ，NPO もヒト・モノ・カネが必要。今後の経営課題は，企業との連携プロジェクトを 100 社に増やすこと。それと 1～2 年後には，もっと広い事務所（兼ラジオステーション）に移転すること。と，安藤代表理事は

語ってくれた。

5. 認定NPO法人 日本グッド・トイ委員会

市民性創造活動による東京おもちゃ美術館のNPO事業

NPOのミッション

　東京おもちゃ美術館の運営を始め，難病児の遊び支援，おもちゃの赤ちゃんサロン，おもちゃコンサルタントの資格認定講座などの事業を展開する認定NPO法人日本グッド・トイ委員会は，次の3つを羅針盤として掲げている。

① 寄付とボランティアに支えられる市民性創造の活動を営め，自らの使命で社会的な課題に取り組む「社会変革」の力があること
② 時代の変化によって基盤が崩れることがない多様な資金源を持っていて，活動を維持する経営力などの組織安定性を保てること
③ 組織の結束力と支えである市民の共鳴性を生む明確な目的を持てること

といった視点を捉えていくためには，豊かな寄付財源やボランティアの獲得だけでは足りず，安定した自主財源を持ちえることが必須となる。いわゆる事業型NPOの確立を目指している。

　このためには，NPOは従来型の待ち姿勢から攻めの姿勢に大きく転換を図ることが必要で，NPOに求められる2つの社会的ビジネス「ソーシャルビジネス」と「コミュニティビジネス」を検討し，新しい公共を目指す。

活動の経緯と歴史

1. よみがえる廃校

2008年4月20日。「東京おもちゃ美術館」は，廃校となった新宿区四谷第四小学校の旧校舎で，新たに産声を上げた。この場所にNPO法人日本グッド・トイ委員会は，コミュニティビジネスとソーシャルビジネスのエッセンスを注入してミュージアム経営を展開している。

1935年（昭和10年）に建設されたその歴史ある校舎は地域住民たちの強い要望で残されることになり，校舎を利用しながら共に活動できるNPO団体を地域住民は探していた。そこで，そもそも中野区で23年間に亘って運営していたおもちゃ美術館の理念や活動内容を知っている住民から，美術館の移転話が持ち上がったのである。

東京おもちゃ美術館は，12教室に内装を加えミュージアムにしたもので，階段や廊下，天井や壁面などは，当時の面影をそのまま留めつつ，調度品などは国産の木材や畳を仕入れ本物志向に徹している。施設の展示棚や遊具なども青森，岡山，鹿児島県の名のある職人の手で造られ，茶室や小屋などは建築家が驚くほどの質の高さだと言われている。職人の中には1か月ほど，東京に泊まり込みで作業をした方もいたが，プロデューサー，デザイナー，木工

職人，大工，建築家など多くの専門家が，歴史的建造物である校舎に「おもちゃ美術館」という魂を吹き込んでくれたのである。

2. 参加型ミュージアム

また，展示されているおもちゃの多くは，自由に触れて遊ぶことができる。「おもちゃ＝コミュニケーションツール」と考え，基本的な遊び方は学芸員が説明するが，そこから先は来館者自身が遊び方を考えていくように仕向けていく。例えばゲームの部屋で難解なパズルを解けずにいる高齢者がいれば，隣にいる小学生がその解き方を教えてあげる。逆に伝統的な玩具の遊び方を，高齢者が見ず知らずの子どもたちに教えている。そんな光景を目にすることが多々ある。それこそが東京おもちゃ美術館の目指す多世代交流の理念である。

そして，何と言ってもこの新ミュージアムは，入館者の参画型ミュージアムを目指すことで，「市民性」の創造を目標としている。小中高生の仕事体験，大学生とのインターンシップ，ハンディキャッパーの就労支援やシニアボランティアの参画を促して，入館する美術館から協働する美術館を目指す。

組織の特徴

1. 2つの寄付が支える NPO 社会

おもちゃ美術館は，自主事業や民間からの支援などを活性化することによって，ともすると行政の下請け機関となりがちな問題をクリアするよう努力している。

それは，地域のボランティアの豊かな人材育成と，行政に頼らないユニークな資金調達，助成金に頼らない NPO 法人のマネジメントの展開であ

る。また，東京おもちゃ美術館は，3つの力をうまく循環させて事業力を高めるよう努力している。①「一口館長」という寄付制度や設立応援債による基礎財源の確保，②新宿区との10年にわたる文化協定の締結，③300人の「おもちゃ学芸員」という文化ボランティアの確保である。

　一口館長は「お金」を寄付し，おもちゃ学芸員は「時間」を寄付するといった2つの寄付の仕組みが東京おもちゃ美術館の屋台骨を支える。この2つの寄付システムの形づくりが，新しい時代のNPO社会には不可欠であるものと確信している。

　「東京おもちゃ美術館」はまだ始まったばかりで，軸足も定まっていないところも多々あるが，年間10万人を越える多くの来館者に足を運んでいただき，滑り出しは順調だが，今後はさらなる継続のための課題が必ず現れてくるであろう。

　美術館を四谷へ招聘してくれた，地域住民への感謝と還元を打ち出していくことも，地域に根ざしたミュージアムとしては求められてくるところだ。"新鮮さ"と"懐かしさ"のバランスを共有した美術館の運営。さらに美術館を含むNPO法人の方向性へ賛同していただける協力者の獲得。スタッフの意識の持続とチャレンジする意思の向上など，課題をあげたらきりがない。

　「民」が担う「公」といった社会のとらえ方は，今後の日本の新しいフレームワークとして大きなビジョ

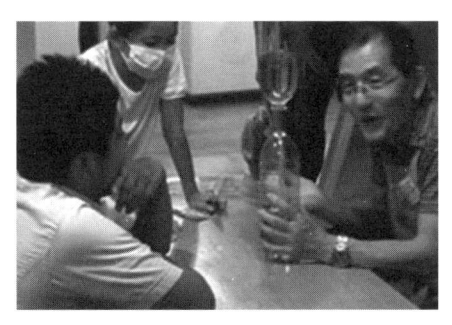

市民性創造活動による東京おもちゃ美術館のNPO事業

ンとなっていくことと思うが，やはり，NPO は「人」が財産ということをひしひしと感じている。

経営課題

　NPO 法人の常勤有給職員 1 人当たりの平均年間人件費は約 230 万円であるのに対し，民間企業の平均給与は約 406 万円ではある。我が NPO 法人も第一目標として，常勤職員の年収を 300 万円以上とし，平成 22 年度に達成できた。しかしながら民間企業と比べると，いまだ四分の三に留まっている。

　近年の企業の採用の減少に伴った雇用の受け皿になってきていることは実感として感じており，東京おもちゃ美術館も平成 20 年から毎年，正職員を新規採用している。しかしながら，多くの人材の受け皿となり，一定のリズムでベースアップしていくための待遇改善が大きな課題となる。

　次に大きな課題として捉えているものに資産の内部留保の不十分さが挙げられる。年間 1 億円を超える収入ボリュームとなっている NPO としては，少なくても年間総収入の 50％の資産は蓄えておきたい。特に，東京おもちゃ美術館という文化事業やおもちゃコンサルタントという資格認定制度を推進する社会的責任ある団体としては，十分な資産を保持した上でのマネジメントなしには，持続可能な文化事業の推進は考えられない。

　また，わずか 10 年の間に，4 万団体を越え，急激な増加を続ける NPO 法人のなかで，我が NPO 法人も「助成金の切れ目が事業の切れ目」となる経営体質と公共機関の下請化組織といった側面も否めない。

　新しい公共，民が担う公といったことが国や地域社会で叫ばれる中で，NPO 法人が第 4 のセクターとして育ち，新たな雇用創出を生むには，新たなる体質改善が必要になってくるだろう。その変革の一つの視点として，東京おもちゃ美術館という社会的事業といえども，ソーシャルビジネスとコミュニティビジネスの側面を培いながら，市民性創造活動を貫き，新しい寄付社会の構築が不可欠となるものと考える。

図表1 2009年度決算 収入割合
- 会費寄付 16%
- 人材育成 36%
- 東京おもちゃ美術館 41%
- その他事業 5%
- 雑収入等 2%

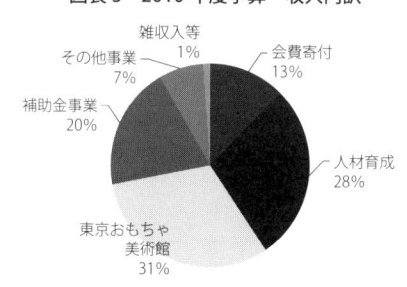

図表2 2009年度決算 支出割合
- 人材育成 18%
- 東京おもちゃ美術館 51%
- その他事業 15%
- 一般管理費 13%
- その他 3%

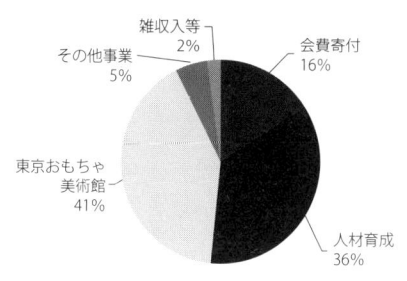

図表3 2010年度予算 収入内訳
- 会費寄付 13%
- 人材育成 28%
- 東京おもちゃ美術館 31%
- 補助金事業 20%
- その他事業 7%
- 雑収入等 1%

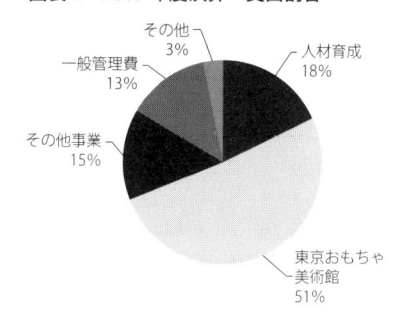

図表4 2010年度予算 支出内訳
- 人材育成 15%
- 東京おもちゃ美術館 36%
- その他事業 11%
- 補助金事業 20%
- 一般管理費 13%
- その他 6%

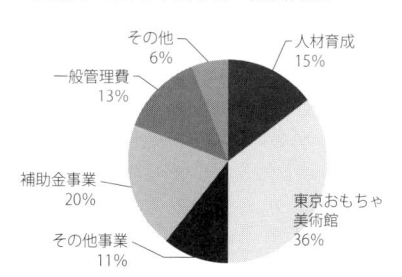

まとめ

　日本のボランティアをはじめとする社会的活動や福祉活動の領域では，「清く，正しく，美しく」に加え「貧しく」といった雰囲気が通例であった。しかしながら，日本は，多くの一般市民が，「世のため，人のため」という尊い思いを持ち続けている稀有なコミュニティ社会といっても良い。個人の年間寄付学やボランティア精神は，欧米諸国に遅れているといわれがちであるが，近年，この国においては，オリジナリティのある日本型社会起業家が数多く誕生し始めている。

　これからの時代は，企業社会の中での，ともすると掛け声だけで終わりがちなCSRが劇的な変化を遂げていく中で，これからのCSRは単体企業の孤軍奮闘型ではなく，質の高いNPOとの二人三脚によって生まれるものとなっていくだろう。

私たちのNPO法人及び東京おもちゃ美術館もまた，企業CSRと共に進化していく時代なのである。
　こうした潮流を，社会起業家フォーラム代表の田坂広志氏は「CSR企業とNPO及び社会起業家が手を結ぶことによって生まれてくる『ソーシャル・アライアンス』（社会的提携）の動き」として注目している。この新たな動きは，企業からNPO・社会起業家に対する金銭的な寄付ではなく，企業内在する数値化できない資本の提供を重んじたものである。いうまでもなく，アライアンス（提携，共同）の最も強い結びつきは，資本提携である合併であるが，個々でいうアライアンスは理念やビジョンとの共有であり，資本がからまない協働関係を言う。こうしたアライアンスの新しい形を創造していくことが，我がNPO法人が次のステップアップの条件となるであろう。

6. NPO法人ハートフレンド

子どもが主人公になる居場所づくり
～人と人がつながる町づくりへ～

NPOのミッション

　昭和30年代，子ども達の放課後は，豊かだった。子ども達だけで集まり，「今日は，何をして遊ぶ？」「ルールを決めよう。」「小さい子は，ごめめ。」などと話し合いながら，自分たちで遊びを作り，ルールを作り遊んだ。子ども達は自由だった。その遊びほうける時間の中で，子ども達は，「ありがとう。」「ごめんね。」「いいよ。」「もう一度遊ぼう」「許してあげるよ。」などを学んでいった。遊びを通じて，社会性や協調性を，子ども達は，集団の中から自ら育んでいた。親は，ほとんど介入しなかった。親の目がなくても，地域の目があった。でも，現在では，子ども達の安全な放課後は激減した。大人が作った安全の中で，用意された遊びで遊ぶ。機械の中で遊ぶことも多く，子ども達どうし遊ぶ機会や異学年で遊びほうける機会が，なくなった。その結果，集団の中になかなか入れない子ども，自分の気持ちが伝えられない子ども，自分の気持ちしか見えず相手が見えない子ども，集団の中で，自分の居場所が見つけられない，そんな子ども達が増えている。子ども会の活動は，子ども達にできるだけ遊ぶ機会を設けたい，という親の気持ちで支えられている。親は，「子どもの生きる力を育みたい。」と願っている。私たちは，地域で熱心に子ども会活動に携わってきた。でも，子ども会の活動だけでは，子ども達の抱えている不安やしんどさが見えてこない。親のつながりも希薄だと気づいた。
　地域に「桑津子どもの家」という拠点が生まれたとき，「すべての子ども

達が主人公になる居場所づくりと親どうしも支えあえるつながりの場を創りたい。」と願い，親たちでハートフレンドを発足した。地域で生まれ，育ち，そして高齢者になっても地域で暮らせる。自分の住む町を愛し，お互いに支えあえる絆を生み出す。そんな町づくりを「子育て・子育ち・桑津子どもの家親育ち」をテーマに，活動を展開していきたい。子どもの遊び場づくりが，気がつくと人と人をつなぐ活動になり，今では，「乳幼児親子から高齢者までをつなぐ共生福祉の町づくり」が大きなミッションとなる。

ハートフレンドの活動の経緯と歴史

1. 場所の確保

　桑津小学校前の桑津連合振興町会が区から借りていた土地があった。青少年団体の倉庫の置き場として利用されていた。子ども会の倉庫もあった。平成13年，その土地に，仮設消防所を建てたい，という申し入れが，行政からあった。小さな倉庫は撤去されて，消防所が建った。子ども会の倉庫は，小学校の裏手に移った。仮設消防所は，1年だけ利用されて取り壊すことになっていた。

　地域には，子どもが中心になって利用できる場所は，ほとんどなかった。平成14年から，桑津子ども会で，小学校の講堂を月2回借りて，子どもの遊び「文化部」を発足していた。子ども達が，安全で遊びほうける居場所を作りたかった。子ども達は120名も集まり，異学年集団の定時定点活動が始まった。あそびの効果は大きく，遊びを通じて，子ども達は，自己表現力を育んでいた。大人どうしもつながり始めた。子ども達の顔が見え始めた。これこそ，今まで子ども会には，足りなかった活動だと確信した。でも，月2回の活動が限界だった。他に場所はなかった。

　桑津子ども会の定例会で，「この仮設が，もし，利用できれば，子ども達の居場所になるのでは？」という声が上がった。桑津連合振興町会会長，佐倉会長は，仮設消防所あとを利用して「桑津子どもの家」として開所することを行政に申し入れた。交渉は，半年かかり，大変だったようだが，平成

15年6月，仮設消防所あとを「桑津子どもの家」として開所できることが実現した。行政の大きな協力を得ることができたのだった。この場所の確保が，すべての始まりとなった。

2. ハートフレンドの発足

「さあ，活動を始めよう。」子ども会の担い手の母親15名が，佐倉会長を相談役に，「すべての子ども達が主人公になる居場所づくり」を目的に活動を始めた。活動当初のプログラムは，子ども達の基礎学力向上・不登校予防のための「てらこや」，文化部に加えて「あそびのてらこや」，乳幼児親子にほっとできる憩いの場「育児サポート」，この3つの活動を始めた。広報は，町会回覧を回していただいた。地域の町会長や小学校・中学校，民生委員会，青少年団体，区役所や区コミュニティ協会，区社会福祉協議会などに挨拶に伺った。最初の3カ月は，参加者も少なく，電気代も払えなかった。3カ月経ち，やっと，電気代が支払えるようになった。なんとか自立できた。

3. 法人化を選んだ理由

やっと電気代が支払えた頃，平成16年，文部科学省地域子ども教室推進事業が始まった。大阪市こども会育成連絡協議会を通じて，(社)全国子ども会連合会に申請書を提出した。ハートフレンドの活動が，地域子ども教室として認めていただくことができた。国の施策が，ハートフレンドの活動を地域で広げてくれることになった。このとき，ハートフレンドや子ども会だけで受託せず，「桑津地区子どもの居場所づくり実行委員会」を立ち上げた。桑津社会福祉協議会，桑津連合振興町会，民生委員会，青少年団体の代表，小学校・中学校の校長などで構成した。平成17年，18年は，5教室の運営となり，登録時児童数250名，開所日数は316日，ボランティア100名あまりとなった。

「この活動を継続するには，どうしたらいいか」

みんなで法人化を検討した。検討した内容は以下の表に示す。

NPOの不安な点（リスク）を小さくすることを考えて法人化を決定した。

図表 1　NPO 法人化に向けた検討一覧表

NPO	（良いところ） 団体としての継続が可能 団体として目的を遂行していける 委託事業を受けやすい 社会的責任は大きくなるが，その分信用も得られる。 地域の中でさまざまな事業（対象が限定されない）を実施することができる。	（不安なところ） 破産しないか 事務作業が大変ではないか 会計全般がきちんとできるか 税金も考えないといけない 事務局がしっかりしないといけない 総会を開催しないといけない 情報を公開しなくてはいけない 人手が足りないのでは？

　平成 18 年 4 月 3 日，特定非営利活動法人ハートフレンドを設立する。理事 10 名，監事 1 名。監事は，連合町会長が引き受けてくれた。

組織の特徴

　ハートフレンドの正会員には，地域の連合会長，社会福祉協議会会長，女性部長，町会長，青少年指導委員，体育指導委員，PTA，子ども会の代表が入っている。そのために，地域での広報，協力，理解がとても得やすい。また，中学校区の中学校，2 つの小学校の校長先生，教頭先生とも日常的に相談できる体制があり，案内の学校配布をしていただいている。このような体制が確保できたのは，「地域子ども教室」の実施とそのときに発足した「桑津地区子どもの居場所づくり実行委員会」の成果である。地域の更生保護女性会や民生委員会には出席をしている。既存組織主体の活動には，積極的に参加して信頼関係を大切にと考えている。
ハートフレンドの主な活動（実績数は平成 21 年度）
　生きる力を育む活動

　　子どもの学び「てらこや」

　　　基礎学力向上・不登校予防
　　　毎週月曜日～金曜日　午後 4 時～ 6 時　小学生 1 年生～中学生

228日実施　延べ5,949名参加　計算・漢字・音読中心

子どもの遊び「文化部」

あそびほうける場
月2回土曜日　午前9時〜12時　年間18回　延べ381名

生きる力育成「ジュニア・リーダークラブ」

考えて企画・運営する。他の人の役に立つこと
小学3年〜高校生　35名　年間20回実施　延べ315名

地域に役立つ「清掃・探険クラブ」

子ども達で，地域の清掃をしながら，子ども目線の防犯マップを作る。
小学1年生〜中学生　年間10回実施　延べ315名　大人155名

子育て支援活動

地域子育て支援拠点事業（つどいの広場事業）

乳幼児親子に「ほっとできる憩いの場」「育児について気軽に相談できる場」「子育てを通じて友達をつくる場」「子育力を育む場」を提供するために，2名の子育てアドバイザーが常駐している。「ハート広場」「ふれんど広場」「龍華おやこのひろば」　延べ15,419名利用

一時あずかり・夜間あずかり

理由を問わずに，乳幼児・児童を一時的に預る。

おとな・高齢者の居場所

おとなの学び「おとなのてらこや」

認知症予防・介護予防を目的とする。
計算・漢字・音読・テキスト，楽しいティータイムとアクティビティ

を楽しむ。　桑津教室　火・木 90 回実施　延べ 2,160 名参加　他 6 区でも開講

おとなのあそび「おとなの楽校」

「ハーモニカ教室」「料理教室」「ちいき塾」を開講。つながりをつくることで，楽しい時間をつくる。

てらこや　　　　　　　　　　　　　　　　　　文化部

経営課題

　行政の協力で場所を確保できた。最初は，受益者負担だけだったので，電気代を支払うのもやっとだった。そして，国の施策「地域子ども教室」受託で，やっと小さな経済基盤ができた。しかし，今後は，自主事業に力を注いでいくことが重要である。現在は，つどいの広場事業受託のおかげで，活動が活発にできる状態である。でも，委託事業や助成事業が継続できるかどうか厳しい状態である。自分達のミッションを大切にして，実現していくには，委託・助成に頼りすぎてはいけないが，委託・助成事業がある間に，しっかりと基礎を固め，力を蓄えていくことが必要である。

　自分達で生み出した事業，「てらこや」「おとなのてらこや」「おとなの楽校」を大切な事業として育てて，参加者が増えるように，活動の質を高めていきたい。

　ジュニア・リーダーを育み，地域のシニア世代にも応援していただくこと

で，人材の確保をしたい。しかし，場所の確保については，今後，大きな課題となるであろう。

まとめ

親の小さな願いが，気がつくと，みんなの願いになっている。地域で暮らすことの幸せを，人が人と暮らすことの幸せをしっかりと感じるような「町づくり」を，「子育て・子育ち・親育て」を支援する活動を中心に推進していき，地域の中で，乳幼児親子から高齢者までが，つながることができる居場所をできるだけ多く創っていきたい。活動が継続できるように，財源の確保，人材の確保や場所の確保という課題を，ミッションを共有する仲間と乗り越えていきたい。そのためには，行政に頼りすぎず，自分達がなんのために活動をしているかを見失わず，自分達のスキルを高めていく努力が大切だと思う。行政からの後援や共催を得ることや，地域の団体のつなぎ役としての役割を果たし，地道な活動を実施して，地域の中の応援団を増やしていくことが継続につながると期待している。

7. NPO法人西会津国際芸術村

芸術をツールに，過疎になりつつある町の活性化を目指す

NPOのミッション

　「NPO法人西会津国際芸術村」は，「芸術」をメーンテーマに活動し，その活動に依って，過疎化が進む町の活性化にも繋げる事を目的として始まった。

　開村8年目の平成23年3月11日に起った「東日本大震災」後の混乱の中で，どの様に芸術が関われば良いのか，模索の時代を迎えたと思いました。・・・が，震災後9日ぶりに祖母と共に救い出された宮城の寡黙な少年は，「僕は芸術家になりたい」と明言しました。
　死と向かい合った末の決断だったと思われる。こうした時期こそ，芸術のなかにある時代をこえる力に，人々に元気を与える力に，あらためて注目した次第である。

　又，震災後のある対談で，ジャーナリストの上杉隆氏が，被災地がいま必要としているものは，第一に「水」，つぎが「情報」，第3は電気かなと思ったら「うた」であったと報告している。

　「芸術」は心の食べ物「心グルメ」の提案である。

福島県西会津町

　西会津町は人口7,600人（H23年4月1日現在）で，福島県の北西部，新潟県との県境に位置しており，総面積は298.13km^2。町の中央部を阿賀川が流れ，その流域は平坦な農用地が広がり，農林業を基幹産業とする中山間地の町で，北には福島，山形，新潟の三県にまたがる秀峰飯豊山を仰ぎ見ることができ，町土の約86％を林野が占め，四季を彩る豊かな自然に恵まれている。町では，当時の町長・山口博嗣氏の指導のもと，町政の「すべてにやさしい健康の町にしあいづ」を基本理念に，「百歳への挑戦」を合言葉にして，「健康」をキーワードとした町づくりを進めている。その「健康」も身体の健康だけではなく，産業，環境，教育などすべての分野で「健康」を基調とした町づくりである。そして今回の「芸術」に関わる事により「心の健康」も加わる事になったのである。

NPOの経緯

　児童達の減少により，平成14年4月，町内に4つあった中学校を一つに統合したのである。その中の一つ「旧新郷中学校校舎」は木造で，60年前，地域の人達によって建設され，地域の人達の手で長年守られて来たのである。この木造校舎の活用方法を，東京のNPO法人新現役ネット（理事長・岡本行夫）に協力を求めた事により，「芸術村」（アーチスト・イン・レジデンツ）として使用する構想が出来上がったのである。町から事業委託を受け，NPO法人西会津国際芸術村を立ち上げたのである。理事長には，新現役ネットの会員であり，立案者の画廊オーナー・安藤寿美子が就任したのである。

芸術をツールに，過疎になりつつある町の活性化を目指す

NPOの内容（アーチスト・イン・レジデンツ事業の委託）

　木造校舎の持つ柔らかさ，温もりを生かし，芸術を通じて国際交流を図り，併せて都市と地方を結ぶ交流の輪を広げる拠点施設として活用することにより，町の活性化に寄与する為に設立。当初は，町に毎年，2人の外国人芸術家を招いて，校舎を居住とアトリエの場として利用し，1年間滞在する中で最低作品の一つは残してもらう。将来の美術館に繋げる事を目指す。

教室展示場　　　　　　　　　　　教室展示場

NPOの役割と機能（業務委託の考え方）

① 芸術家の招聘
　　内外の芸術家に関する人脈・ノウハウを活用した招聘の実現
② アート活動
　　招聘芸術家の創作活動・作品発表の企画・支援・指導及び，公募展や作品展の企画・運用で主体的役割。
③ アート活動における地域町民との連携・活性化
　　西会津国際芸術村（新郷中学校）を拠点としたアート活動（展覧会等）では，町民有志の意欲的な活動と連携している。
④ 関連活動における，地域活性化支援（連携）
　　NPOは東京事務所（拠点）がある。この特性を生かし都会地との交流窓口機能が生かせるような活性化支援を狙っている。

NPO 事業の構図（活動内容及び役割）

NPO は西会津町の「西会津国際芸術村」の事業を委託されている。

図表1　構図

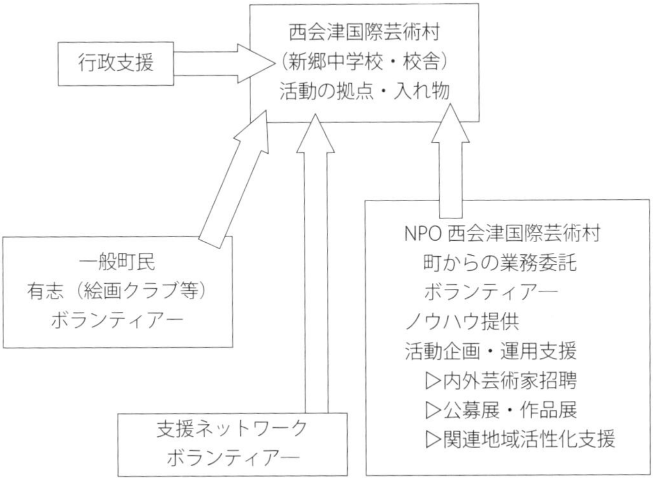

```
                    西会津国際芸術村
                   （新郷中学校・校舎）
  行政支援  ⇒      活動の拠点・入れ物
                        ↑  ↑  ↑
                        │  │  │
     ┌──────────────┐  │  │  │
     │  一般町民     │──┘  │  │
     │  有志（絵画クラブ等）│  │
     │  ボランティアー    │  │
     └──────────────┘     │
                              │   ┌──────────────────┐
     ┌──────────────┐        │   │ NPO 西会津国際芸術村 │
     │  支援ネットワーク │────┘   │ 町からの業務委託     │
     │  ボランティアー   │        │ ボランティアー       │
     └──────────────┘            │ ノウハウ提供         │
                                  │ 活動企画・運用支援   │
                                  │  ▷内外芸術家招聘    │
                                  │  ▷公募展・作品展    │
                                  │  ▷関連地域活性化支援 │
                                  └──────────────────┘
```

出所：西会津国際芸術村

図表2　活動内容及び役割

行政	NPO	町民（ボランティアー）
施設：維持管理 滞在外国人芸術家への生活支援 （VISA・健康保険，等） 芸術村施設における社会教育活動 同じく学校教育との連携 （児童の参加・見学）	芸術家招聘 運営・活動のソフトウエアーやノウハウの提供 芸術家創作活動の支援・指導 アート事業：企画・運用ノウハウ提供 関連町民との活動連携	施設・維持管理への労働奉仕 芸術村活動への参加（作品出品，展示会準備作業） 催事コラボレーション （農産物直売，芸能，文化活動）

西会津国際技術村・活動内容や役割

出所：西会津国際芸術村

NPOの実績

- ▷ 招聘芸術家5期実現
- ▷ リトアニア2回，ポルトガル，アメリカ，ドイツ，ブルガリア，クロアチア
- ▷ ユニークな活動により，メディアの関心が高く，多くの取材・報道を得た。
- ▷ 「西会津の名を広く知らしめる」と言う意味で多くの成果があった。
- ▷ その状況を基に西会津国際芸術村・公募展を開催。既に5回を終え全国各地からの応募があり，ステータスは年々高まってきている。
- ▷ 3月に震災が起こり特に福島の被害は甚大であった。今年の公募展は福島県立博物館を中心に会津地方の美術館・ギャラリー等が協賛して「会津・漆の芸術祭り2011～東北へのエール～」を開催。芸術村も参加する。
- ▷ 招聘芸術家の作品展を定期的に東京で開催，都会地における「西会津国際芸術村」の名前も浸透しており，アート活動としては充実している。
- ▷ 児童生徒が外国人芸術と直に接触する機会を得，国際体験を通じて芸術や国際的視野の涵養に寄与している。

小学生の版画教室　　　東京・西会津サロン

NPO 組織の特徴

　この NPO の正式メンバーは，東京 7 人，西会津町 12 人と，多くのサポーターやボランティアで構成されている。地方と都会の人々が，東京から 350 キロ離れた過疎地を，長距離恋愛をするように協力して再生を目指している事である。
　西会津町地方自治体と，東京メンバーの居住地・世田谷区の自治体との交流が始まった事。又，芸術活動をするのに欠かせない「画廊」が世田谷にあって，そこが活動の拠点（「隠れ里・西会津 in 世田谷」「西会津サロン」）となっている事。

西会津国際芸術村事業の将来を見据えて

　NPO ／西会津国際芸術村は，西会津国際芸術村とは違う組織体ではあるが，NPO の活動や役割は「西会津国際芸術村」なしには存在しない。
　最初に来る役割は「芸術家の招聘」であるが，未来を見据えた「招聘プラン」は適時環境や町の状況に合わせて最善のものに修正していく。
　アート事業に関しては実績を積み重ねる現在の路線を踏襲したい。但し将来を見据えた人材の育成（西会津住民）は視野に入れたい。
　地域との連携については，過去の実績については見るべきものがないと分析している。2009 年度より地域との連携強化を軸足に活動してきた結果，地域住民からの意欲ある「芽吹き」が見られ，今後協同でその動きを育てて行きたい。
　NPO は東京・世田谷に拠点を持つ。この特性を活用する地元との連携活動。
　一つの方向性は，西会津町民が世田谷へ出向き，交流活動する。
　今一つの方向性は，都会地の住民が西会津へ出向き活動する。
　この様な双方向活動は，交流，グリーンツーリズム，体験学習や産地直送等の活動の土台をなす枠組みと見ている。

経営課題

　このNPOは，町からの依頼を受け，公金で業務を委託され，ある程度の資金，寄付金，助成金と会員の会費，で運営している。

　「NPO」の正しい有り方が，国・地方公共団体からの補助金・委託事業からの脱却としたら，「NPO西会津国際芸術村」の有り方は，問われる事になると思う。

　尚，今後の課題として，西会津「芸術村」を取り巻く環境は，東京世田谷の「画廊」とその別館「ハウス of ギャラリー（一戸建ての家）」，下北沢「アレー・ホール」，「ウィンドー・ディスプレイ（有）現代工房」がある。この関連施設を利用して，西会津の活動と共に，利益を生み出す仕組みを構築したいと思っているが，資金をはじめ人材や人手が足りないのがネックである。

　今後，『「心グルメ」基金として，この活動を通して夢・出会いで，エキサイティングな人生に投資しませんか』を提案したい。

NPOの理念（まとめ）

　「芸術」は心に栄養を与える「心グルメ」との思いから　すべての事に取り組んでいる。

　地方や村が疲弊し，森や田畑が死ねば，都会も生きてはいけません。地方の再生を地方の人達だけに押し付けるのは，都会の人の身勝手ではないかと思うからである。地方あっての都会である。現在，地方の事情を知ってもらおうと，芸術活動と同時に，地方行政と共に「都会とふるさとを結ぶ交流活動」にも力を入れている。

コラム

　2011年6月26日は，福島県耶麻郡西会津町の町議選の日だった。3人の

立候補者（芸術村応援者）が当選するかどうか，1日千秋の思いで待った。夜，町からの連絡で3人の当選を知った。バンザイ！
　東京・世田谷に住む私は，選挙には行くが，当・落選には殆ど興味がない。何故私が，この東北の奥座敷，人口約7,600人（H23年4月1日現在）の町の選挙が気になるのか？
　2003年初夏，私は何の縁も，ゆかりもない福島と新潟の県境，西会津町の山奥の新郷の村に居た。その時はまだ，この集落に，こんなに足繁く通うことになるとは思ってもいなかった。
　その年の初め，会員約1万5千人のNPO法人新現役ネット（理事長・岡本行夫氏）に，西会津町の自治体から，学校統合により廃校になった，築60年の木造校舎の活用方法を考えてほしいと，協力を求められた。有志が集まり話し合った末，一度視察する事になり，初夏の西会津行きとなった。
　その後の話し合いで，画廊をしている安藤の案が取り入れられ，アーチスト・イン・レジデンツ「西会津国際芸術村」が誕生しました。

　15年ほど前，革命時（1989年）の生々しい弾痕がまだ残るルーマニアの，地図にも載らないコバディン村が主催する「陶芸彫刻祭」に，各国のアーチストと共に，日本の彫刻家と，サポートの私共は招待され，彼の地に各々，半カ月〜1カ月滞在した。村の歴史に残る出土品を記念して，世界のアーチスト達に制作の場を提供し，永久に保存するというものだった。まだまだ貧しい国の，しかも村レベルで芸術文化を大切にする気風に触れて，胸が熱くなりました。日本の物質文明の豊かさとは違う，心の豊かさを羨ましく感じた。
　ある年，山形県月山でスキーをした事で，東北を車で走る事が多くなり，東北の自然，山や森の木々，そして農村の風景に魅せられた。そして日本は，京都・日光・鎌倉その他の有名観光地だけでない，の思いを強くし，日本の地方の自然を外国の人，特に若きアーチスト達に見せたい！・・・と強く思った。
　初めて西会津の「旧新郷中学校」を訪問した時，この二つの思いが一つに

なった。
　ちょっと前まで使われていた校舎に入ると，子供達のざわめきが聞こえた。
　このざわめきの余韻があるうちに，各国の若き芸術家を中心に，町の人々をはじめ，県外からの人達も参加して「心グルメ」の国際交流が広がる事を願った。

8. NPO 法人　宮崎文化本舗

ネットワークを駆使した，先端を行く NPO 経営に学ぶ

ミッション

　特定非営利活動法人宮崎文化本舗（以下宮崎文化本舗）の目的は，文化事業を通じて宮崎県民の生活文化・芸術に対する意識の向上と定着をはかることを目的とすると同時に，ボランティア活動のコーディネートを行うことを通じて，ネットワークを構築することを目的としている。

　設立当初から文化活動とともに，NPO（非営利活動団体）のネットワークと支援・育成をミッションに掲げている。

　具体的には「宮崎キネマ館多目的ホール」，「みやざきアートセンター」管理運営事業や当初より行っている宮崎映画祭のイベント開催などの文化・芸術活動。「宮崎市自然休養村センター」などの管理運営や綾の森の世界遺産登録の運動事務局などに代表される多様な関係者をネットワークしたまちづくりの活動。

　各種イベントの事務局を受託し様々な団体や個人をつなぐコーディネート，さらに関った団体同士をつないで事業を展開するソーシャル・ビジネス（SB）コミュニティ・ビジネス（CB）のコーディネートなど団体の運営または活動に関する連絡，助言又は援助の活動を実施している。また，こうした事業や運動を実現していくための人材の育成や就労支援なども行い，多様な切り口で宮崎県のまちづくりの実現に向け活動をしている。

　活動分野は，12. 情報化社会の発展を図る活動，16. 消費者の保護を図る活動を除く 15 分野にわたる。

図表1　宮崎文化本舗定款の目的及び特定非営利活動に係る事業

(目的)
第3条　この法人は文化事業の開催等を通して，宮崎県民の生活文化・芸術に対する意識の向上と定着を図ると共に，県内のボランティア団体のネットワークを構築し，明るく豊かで楽しい社会生活を実現することを目的とする。
(特定非営利活動に係る事業)
第5条　この法人は，第3条の目的を達成するため，次の事業を行う。
(1) 映画上映会，講演会，音楽会，演劇活動等の文化活動の企画・運営，コーディネート事業
(2) 市民活動及び，コミュニティ・ビジネスの活性化に関する企画・運営，コーディネート事業
(3) ボランティア活動のネットワーク化に関する調査・研究・コーディネート事業
(4) ボランティア活動のネットワーク化に関する広報・啓発事業
(5) 多目的ホールの運営による場の提供
(6) その他目的を達成するために必要な事業

経緯（歴史）

1. 設立の経緯

　設立のきっかけは，1995年にボランティアではじめた宮崎映画祭にある。同映画祭は始まって数年で，1日に数千人の観客を集める大きなイベントとなった。

　しかしスタッフの全てはボランティアであり，映画祭が大きくなればなるほど，ボランティアたちに大きな負担がかかっていった。規模の拡大により，ボランティア活動としての映画祭の開催に限界を感じ，それまでの経験を生かした活動を発展させようと検討を始める。1998年12月には特定非営利活動法人法（以下NPO法）が施行されたことから，NPO法人の勉強を始め，自分達の活動に適していると判断し，2000年10月にNPO法人宮崎文化本舗を立ち上げる。設立にあたり，文化活動だけではなく，今までの経験を生かし，NPOの事務局機能を担う事業やNPOのネットワークも活動内容とした。しかし，すぐには事務局機能の依頼はなく，安定した収入の確保や活動場所に苦慮することになった。こうした状況を打破するために，常設の映画館「コミュニティーシネマ」開設を目指し，2001年4月，数千万

円の借り入れを行い,「宮崎キネマ館」を立ち上げ運営を始める。この間に,設立当初のメンバーは,もともと映画が好きでボランティア活動をしていた人も多く,中心となって事業に従事するかボランティアで関わるかの選択をすることになった。ちなみに,設立のきっかけになった宮崎映画祭は現在まで毎年開催されている。

2. 活動の経緯
(1) 初期の活動

宮崎文化本舗の事業は,宮崎キネマ館の映画上映収入を基本にし,上映の合間に,まちづくり等の活動として,イベント開催のコーディネートなどを行なう二本立てで行なった。コーディネート事業は,黒字の場合にコーディネート費を請求する方式で行なわれた。2001年に最初にコーディネートを手がけた,赤字になると思われていた障害児のコンサートイベントを黒字にすることで実績を作る。その実績から市民活動の事務局機能の依頼が来るようになり,映画館運営と事務局機能の両輪の事業形態は順調に進むようになる。

2003年には,宮崎県から,NPO法人への委託事業第1号として,「NPOマネジメント講座」を委託される。はじめてNPO法人で映画館を運営したこと,はじめてNPO法人で県から受託事業を受けたことで,メディアにも取り上げられ,全国的にも,また宮崎県内でも「NPO法人宮崎文化本舗」の認知度が上がる。また,団体代表石田達也氏は,30代の若手NPO経営者として注目される。

同年9月,NPO団体の支援として,NPO団体などが最も困っている事務所の提供事業をはじめる。事務所は,時代の流れから利用者

宮崎キネマ館

が少なくなった，宮崎県企業局の閉鎖されていた独身寮を改装し，「みやざきNPOハウス」と銘打って運営をはじめる。部屋は22室あり，20団体程度が入居可能である。会議室も設け，一般の貸し出しも行なっている。2005年に，宮崎県NPO活動支援センターを宮崎県より受託し，NPO支援の基盤が整う。

(2) 発展の転機となる「綾の森を世界遺産にする会」事務局の依頼

2002年に，「綾の森を世界遺産にする会」から署名運動の事務局を依頼される。

この取り組みには九州電力の高圧送電線の鉄塔建設反対運動も関わっていたが，鉄塔問題と署名活動を切り離すことを条件に事務局を引き受ける。世界遺産登録の署名運動は，宮崎大学や様々なNPOなど多数の人が関わり14万人の署名を集めた。

2003年に開かれた「世界自然遺産候補地に関する検討会」では，応募総数一万数千件があるなか最終検討会に残り，最終的には次点という結果を出した。

次点となった理由は保護政策の未整備と綾の森が人工林に分断されていることであった。世界遺産認定のために，課題である人工林に分断されている照葉樹林を，もとの自然林に戻そうという企画が同時に考えられていた。この企画が，同年環境省の『環境NGO企業の企画提言「注目に値する提言」』として受賞する。これは，宮崎大学上野登教授の構想を提言としてまとめたものである。この後，地元出版社から「再生・針葉樹林回廊」の出版，「森林ボランティアの育成講座」の開催，「照葉樹林ガイドブック」の発行など活動が活発に行なわれた。

2004年，九州森林管理局から，森林の保護と共生のモデル事業を「綾の森」で実施するため地元としての協力を求められ，計画段階から参加することになる。

半年の検討の結果「綾川流域照葉樹林保護・復元計画」として完成し，宮崎文化本舗はプロジェクト事務局を引き受ける。この事業は，国・県・地方自治体・地元住民代表・学術機関の5者で企画から実行までを行なう協働事

業となり，実行にあたっては5者による協定書を作成した。産官学民など他セクターの協働の事例となる。

2005年には，綾川流域照葉樹林帯保護・復元プロジェクト事務局を宮崎市より受託する。

このことにより宮崎文化本舗は，文化活動団体から世界や県全体を視野に入れたまちづくりコーディネート団体へ歩を進めている。そして躍進を支えたのは，代表理事石田氏の群を抜いたコーディネート力によるところが大きい。

(3) 指定管理者の受託

2003年には，文化庁より委嘱を受けた，西都原古墳群観光文化ボランティア育成講座の開催で，ボランティアの育成を実施する。ボランティア育成で課題になることは，育成されたボランティアの受け入れ先である。

そして2004年に，宮崎文化本舗は，西都原考古博物館運営支援事業を宮崎県から受託し，観光文化ボランティアの方々に活動の場を提供している。運営支援事業では，人材発掘や郷土愛を育むこと，退職後の生きがい作り，さらには低い経費比率の運営に寄与している。

2004年には，「綾の森を世界遺産にする会」の事務局の実績から，宮崎県環境情報センター運営（宮崎県），地球温暖化防止活動推進センター運営（環境省・宮崎県補助）を受託するなど環境関係の事業が増加している。

2006年には，指定管理者として「萩の台公園運営プロジェクト」を組み，財団法人宮崎県公園協会，NPO法人宮崎文化本舗，株式会社エスジー企画の3者で宮崎市より萩の台公園の指定管理業務を委託される。

「萩の台公園」は，大自然の中に21.4haの総合スポーツ・レクリエーションランドとして開園。

25,700m^2の芝生広場や家族みんなで楽しめる遊具広場や草スキー場・昆虫天国のトンボ池があり，スポーツ施設としては，軟式野球場・テニスコート・多目的広場・弓道練習場などがある。宮崎文化本舗は，ビオトープとして「トンボ池」の紹介をするなどこれまでの環境活動の取り組みを活用している。

2007年には，温泉もある「宮崎市自然休養村センター」の指定管理業務を株式会社とのジョイントベンチャー（JV）で宮崎市より受託している。

　2009年4月には，宮崎市みたま園を，一般財団法人，株式会社，社会福祉法人のJVで受託している。葬祭事業は，人生の終末期に関わることであり，ここでも市民参加がはじまろうとしている。

　2010年には，念願の「みやざきアートセンター」が開館し，宮崎市から受託することで宮崎文化本舗発祥の理念を実現する機会を得ている。指定管理者は「みやざき文化村」で，構成団体は，NPO法人宮崎文化本舗とNPO法人みやざき子ども文化センターである。

　「みやざき子ども文化センター」は，宮崎市では，子育て支援の草分け的団体で子育て支援の実績が多々ある団体である。運営では，子ども関連の企画運営を担っている。

　宮崎アートセンターは，1階に銀行があり，普段文化・芸術に関心のない人も訪れる場所となっていて，利用者が広がる仕掛けになっている。アートセンターは，1階，3〜5階，屋上を使用している。地域に文化・芸術を根付かせることは，日本では難しい課題のひとつである。しかし，2011年3月の震災直後からしばらくは来館者が減少したが，これまでの実績を生かして，展示などの企画も含めて順調に参加者数を上げている。

みやざきアートセンター　キッズルーム

　宮崎文化本舗は，指定管理に必要なノウハウを持っている団体と法人格を問わずジョイントして受託し，NPO法人の特長を生かした，市民参加の管理運営業務を実行している。

　また，文化活動支援では，宮崎県の事業で映画製作を支援する「フィルム・コミッション」事業を支援している。「フィルム・コミッション」は映画製作にあったロケーションの場所を案内すること，道路などの公共施設を撮影する時の使用許可手続きの支援をするなど，撮影に関する様々な相談を

受けている。こうしたソフト面での文化活動支援も行なっている。

(4) SB/CB 起業家育成・就労支援

　NPO 支援では，事業の継続性についての課題解決を求められている。当初より宮崎キネマ館を運営し，事業の柱を確立しながら事業や活動を発展させていくノウハウのある宮崎文化本舗は，2006 年に，宮崎市より「まちなか企業家養成塾企画運営」を受託している。

　2009 年に緊急雇用対策の事業を，「まちづくり会社」の準備事業として「宮崎ドゥタンク」を企画し受託している。全国にはまちづくり会社が多数設立されているが，まちづくり会社の準備を緊急雇用対策で実施し，そのまま雇用者の働く場とする事業である。2010 年には，綾町照葉樹林文化推進業務に 1 人緊急雇用者が働いている。

　社会的企業家を育成し，緊急雇用で実体験することで実際の起業へつなげていくなど，いくつもの委託事業や補助事業を活用し，関連させることで人材の育成や産業の振興を現実的に図っている。

　2010 年には，経済産業省九州経済産業局の「地域新成長産業創出促進事業（ソーシャルビジネス発展基盤整備事業）」を受託し，九州ソーシャルビジネス推進協議会として地域再生ソーシャル・アントレプレナー育成事業を実施し，起業家を育成している。

　これまでの事業は，ソーシャルビジネス，コミュニティ・ビジネスの実績を作ってきたことであり，そのためのノウハウをソーシャル・アントレプレナー育成に生かすことで，次世代の担い手を含んだ人材育成を通じて，ここでもまちづくりに貢献している。

(5) その他の活動

　2006 年に「高千穂通りを楽しむ活動」が始まる。この活動は，宮崎市のメイン通りである高千穂通線の歩道に，宮崎県産の杉でステージを設置し，そのステージ「T‐テラス」を活用し，中心市街地の賑わいを創出しようとする社会実験として行われた。「T‐テラス」の場所は，2005 年の台風で水の確保のため停止した高千穂通りの噴水の周辺である。噴水はムクドリの被害などで汚れ，改修について意見が出たが，費用や運営費用がかかることで

再開されないことになった。商店街・住民・NPO・行政が参加した協働プロジェクトで，制作費用の公的な予算はゼロの中，企業回りをするなど関係者の出資で実施される。また，景観条例や道路交通法などの課題をクリアーしなければならず，縦割り行政の壁を越えた参加など，新しいまちづくりの事業モデルとして，まさに社会実験であった。

プロジェクトの進行は，2007年度宮崎県NPOパートナーシップ創造事業として実施され，2007年10月に「T‐テラス」は完成した。

2010年には，宮崎国際ストリート音楽祭が開催され，この事業も宮崎文化本舗が事務局をしているが，「T‐テラス」を活用している。「T‐テラス」は当初3年間の使用許可であったが，その後も継続できることになり2011年の現在まで続いている。「T‐テラス」利用に関する運営は，「高千穂通りを楽しむ会」の事務局をしている宮崎文化本舗が行なっている。

T‐テラス

2004年には，住民参加型のまちづくりとして，道の清掃などで観光名所を守るなどのボランティア活動「道守みやざき会議」を立ち上げている。

2010年に，宮崎県内で口蹄疫が流行し，ブランドだった宮崎牛や豚の酪農家が被害に遭った。災害支援として，宮崎県NPO活動支援センター（運営は特定非営利活動法人　宮崎文化本舗）は被災者支援情報センター（IIHOE［人と組織と地球のための国際研究所］内）と協力し，今般の口蹄疫の流行により，経済的なご負担を強いられる家族の子どもを対象に，給付型（返済不要）の奨学金を設置するなどの取り組みをしている。

2011年は，宮崎文化本舗と宮崎市内のNPOや市民活動団体が合同で，東日本大震災復興支援のボランティア派遣事業に取り組んでいる。被災地でのボランティア活動を通じて，いま日本が直面している最も深刻な課題に対して，自分自身に何ができるのかを考え，行動することを目的としている。ま

た，将来，宮崎市内外で災害が起きた際の，緊急・生活・復興支援のリーダーの1人として活躍できる人材の養成も目指している。

一過性の災害支援ではなく，今後に活動する人材を育成する機会とするなど，発展的な事業企画はここでも発揮されている。

組織の特徴

宮崎文化本舗は，平均的なNPO法人の規模と比較すると，事業高は3億を越し役員6人，職員34人，役・職員総数40人（平成22年度）であり，大きな組織である。

団体代表石田達也氏は，先に述べたように設立当初は30代の若手NPO経営者として注目された。現在もNPO法人で課題となっている，働き盛りの男性役職員を雇用するための団体収入を確保している。

また，はじめから宮崎キネマ館の運営を基本とするなど，自主事業を基本とした事業型のNPO法人として認知されている。近年は，補助金・受託金収入が自主事業収入を上回っている。平成21年度の決算額は，収入3億1千550万円で，支出の部の事業費には，25事業が計上されている。収入構成は，寄付金収入・事業収入は1億3千660万円，補助金収入・受託金収入は1億7千633万円（千円以下切捨て）で，委託金などの収入が4千万円多くなっている。

意思決定の組織機構を見てみると，規模に比較すると正会員数は少なく，理事会で決定しながら事業をスピーディに進めていく形態であり，この点でも事業型のNPOといえる。

そして最大の組織の特徴はネットワーク組織であることである。設立当初より，団体のイベント事務局をするなどNPO団体等と密接な関係を構築してきている。また，「綾の森を世界遺産にする会」事務局をきっかけに，大学や関係する官公庁，九州電力など企業と連携する機会も得，多様なセクターとのつながりもできている。地域住民との関係もあり，重層的で深い関係性を宮崎県の地域社会に作り上げている。

こうした多様なネットワークの中心に宮崎文化本舗が位置する構造になっていて，ネットワークを駆使して様々な事業を企画し受託している。

図表2　NPO法人宮崎文化本舗の収入構成（平成21年度）

収入項目	決算額
寄付金収入	296,000 円
事業収入	136,309,344 円
補助金収入	9,687,000 円
受託金収入	166,653,993 円
収入合計	312,946,337 円

図表3　NPO法人宮崎文化本舗の事業（平成21年度）

1. キネマ館事業費
2. みやざきNPOハウス事業
3. 自然休養村センター自主事業
4. 地球環境基金助成金
5. 地球温暖化防止活動推進普及啓発事業
6. 森づくり活動支援事業
7. その他の事業
8. 温暖化防止「一村一品」事業・推進員研修事業
9. こども温暖化防止活動推進員事業
10. 宮崎映画祭実行委員会
11. てるはの森の会事務局運営
12. 協働推進のための職員研修事業
13. 宮崎県NPO活動支援センター事業
14. 萩の台公園指定管理業務
15. 北郷町森林ガイド養成講座
16. みやざきアートセンター自主事業
17. 宮崎県地球温暖化防止活動推進センターによる出前事業
18. NPO企画力等向上研修事業
19. フィルム・コミッション機能充実業務
20. 宮崎県地域文化芸術振興事業
21. みやざきアートセンター指定管理業務/運営準備／管理業務/市美展
22. 自然休養村センター指定管理業務
23. 緊急雇用対策綾町照葉樹林文化推進業務
24. 緊急雇用対策フィルムコミッション業務
25. 緊急雇用対策みやざきドゥタンク事業

経営課題

「みやざき文化センター」の開設とそれに伴う委託は，宮崎文化本舗の誕生の柱である，「宮崎に文化・芸術に対する意識の向上と定着を目指す」ことを実現する正にピンポイントの事業である。並列して掲げているコーディネート事業も，国・県を超え世界を視野に入れたまちづくりのコーディネート事業を実施し実力をつけてきた。

SB/CBの人材開発，事業の育成等を支援することでさらなるまちづくりの実績も積み上げている。

こうした現在の到達点から，今後は拡大してきた事業の選択と集中，外部化と他団体の育成へと転換してきている。また，事業が拡大するなか，次の事業を担う後継者の育成も課題になっている。

今後の事業は法人格に関わらず，必要な法人格が株式会社であればそれを使って事業を実現していく方針である。先に法人格があるのではなく，事業を実現していくために有効な法人格を使っていくことは有益である。すでに指定管理ではジョイントしているが，株式会社，財団法人，社会福祉法人など他法人格と連携し，事業がより良く遂行することを優先していく考え方を持っている。

西都原考古博物館は5年間の運営支援受託ののち，2009年に委託を完了し，宮崎文化本舗に関係の深い別法人が受託をしている。委託先は宮崎文化本舗の副代表である井上氏が設立したNPO法人である。この5年間に，ノウハウはさらに蓄積され他の業者・団体には同じレベルでのサービス提供はなかなか難しいことが考えられる。しかし，行政は同じ団体に委託を続けることに対して批判にさらされる。別法人を立ち上げ，関連する人材による経験の継承を図ることはひとつの解決策であろう。

「宮崎市自然休養村センター」も若手が設立した株式会社が育ってきている。石田氏はヒアリングで，こうした次世代の育成と拡大した事業の再編は，今後の宮崎文化本舗の組織課題であると話されている。

もう一方で，指定管理者としての課題もある。宮崎文化本舗の収入構造

は，補助・委託事業が自主事業より多くなってきている。収入に大きな割合を占める指定管理者では，自主事業を増やしていくと予算を削減される。自主事業をあまりしなければ，NPOらしい事業ができず内容が硬直化する。職員には給料を毎年上げていきモチベーションも高めたいが，そもそもの収入の増額の可能性は低い。指定管理者を受けたNPO団体全体の課題でもある。

終わりに

以上宮崎文化本舗の活動を見てきたが，事業型といっても多数のボランティア参加の事業を運営している。NPO法人の経営の先端を行きながら，しっかりとNPOとしての基本である市民参加による事業構築と運営を行なっている。宮崎文化本舗は，日本で最も代表的な先進事例の1つである。

9. NPO 法人「森のバイオマス研究会」

地域の活性化と資源循環型社会の構築を目指して

ミッションは何か

① 再生する地元の自然エネルギー資源（バイオマス）を活用する持続可能な資源循環型社会を構築し，地球温暖化防止に貢献する
② バイオマスの活用を通じて地域に新たな雇用やビジネスを創出させる

　NPO 法人 森のバイオマス研究会が活動している主な地域（庄原市や三次市）は，広島県北東部の中国山地の中央に位置する標高 200 ～ 800m の典型的な山間地域であり，人口の減少と高齢化並びに過疎化が急速に進んでいる。産業は農林業が基幹であり，経済的には停滞しているのが現状である。私が勤務していた広島県立大学はこの地にあることから，学生にとっては情報や刺激が少なく，この地をいかに魅力ある地域にしていくかが，庄原市や県立大学の存続にとって大きな課題となっていた。どうすれば若者にとって魅力的な地域になるか。資金を持たない市民有志が集まり，何ができるかを考えた。1999 年秋のことである。ここでは詳しく述べないが，築 260 年の旧庄屋宅をお借りして，「里山の暮らしからみた資源循環型の地域づくりとこれからの暮らしづくりを考える」を合言葉に，全国および海外（特にヨーロッパ）の若者の参加を求めた 10 日間の森林・里山保全整備の泊り込みボランティア活動「里山ワークキャンプ in 庄原」を企画・実施した。若者にとってなにより魅力的な場とは，多様な若者が集まり交流するチャンスが生まれる空間と考えたのである。

　企画者は，この活動を継続していくうちに我が国の森林・里山の荒廃と林

業の衰退した現状を知ることとなり，さらにはボランティアでは本格的な森林・里山保全整備には繋がらないことを悟った。やはり，本格的な保全整備事業には経済的に成り立つ仕組みが必要であり，このためには保全整備から排出される林地残材や間伐材の有効利用，特にバイオマスエネルギーとしての利用に思い当たり，これが「森のバイオマス研究会」設立のきっかけとなった。

設立の経緯

中四国地方でのバイオマス関連事業は高知県，山口県や岡山県などが精力的に取り組んでいるが，これらの県では大半が行政指導で行われている。一方，広島県では市民活動から始まったのが大きな特徴であり，当研究会がその先導的な役割を果たすこととなった。

当研究会は2002（平成14）年に会員43名で設立され，現在では会員186名（法人会員30社）と理事15名で運営されている。研究会の活動目的は再生する地元の自然エネルギー資源（バイオマス）を活用する持続可能な資源循環型社会の構築と地球温暖化防止に貢献し，しかも地域に新たな雇用やビジネスを創出させることとし，会員の構成メンバーは，一般市民から林業家，素材生産業者，森林組合職員，農林業関連の公務員，大学教員，燃焼機器関連企業とさまざまである。

活動を円滑に行うために，①ペレット・ボイラー部会，②森の手入れ部

図表1　NPO法人「森のバイオマス研究会」の概要

名称	森のバイオマス研究会
設立	2002年
会員数	186名，法人会員30社
理事会	理事長　1名
	副理事長　1名
	理事　11名
	監事　2名
組織	総会　年1度
	理事会　年数回
	事務局

会，③地域通貨部会や④森の利用部会を設け，環境・森林・地域づくりなどをテーマにしたイベントやフォーラムの開催，公民館や学校へのバイオマス出張講座，森林整備の講習会，ペレットや間伐材，木の実などを使ったクラフト体験，さらには市民が森と関わるきっかけ作りにと森の中でのかがり火コンサートや里山料理などが楽しめる「里山の秋まつり」を開催している。研究会の活動資金としては，会費と寄付金，競争的助成事業資金（採択された場合のみ），小規模であるがペレットストーブのリース事業による収益などが主な財源である。

活動の特徴―ペレットストーブによるバイオマス需要創出―

　当研究会の具体的な活動について，ここではペレットストーブを用いたバイオマス需要創出に関する試みを紹介する。当研究会の上記の活動目的を達成させるためには，なにより木質バイオマスの利活用に関する啓発とその需要をどう創出していくかが大きな鍵となる。そのため，実験・実証レベルでなくすでに実用・普及段階にあり，しかも灯油とほぼ同じような取り扱いが可能なことから，直接燃焼形態の木質ペレットと燃焼機器のペレットストーブに着目した。これらの活用は，「バイオマスって何？」から始めなければならなかった当時のバイオマスの普及・啓発活動にとって，一般市民の方に見える形で分かりやすいことが大きな利点となった。

　バイオマスの需要創出のためには，出口であるペレットストーブの導入とペレット流通システムの整備が必須となることから，国内外メーカー（8社）それぞれのストーブの販売・設置・メインテナンス代理店を研究会理事（6社）が請負，現在輸入品はもとより我が国で取り扱われている大半のストーブが庄原・三次地区で購入できるようになっている。併せて，木質ペレットの流通網も整備し，県内・県外配達できるようにした。

　ところで，木質ペレットの長所は薪やチップに比べエネルギー密度が高く，取り扱いが容易で輸送性や貯蔵性に富むこと，灯油と違い触ってもこぼしてもいやな感じがせず，木の良い香りがして安全性が高く（そのままでは

火をつけても着火しない），子供やお年寄りが扱っても問題がないこと，何より地域の再生可能な資源から作れることなど挙げられる。ペレットストーブについては，石油ストーブの灯油を燃やしたときのいやな匂いや排気ガスによる体調不良などが生じることなく完全燃焼のため煙や灰はほとんど出ず，燃える炎が安らぎを与える，さらに二酸化炭素排出削減につながることから地球温暖化防止にも役立つことが挙げられる。

　当研究会の木質ペレットに関する取り組みとしては，2002年の冬期にペレットストーブ4台（研究会購入）をボランティアで広島県北部の学校と市営施設「道の駅」に設置した。これは九州・中国地方でのはじめての試みとなった。次年度には，それまでのストーブの大半が外国製であったので，当研究会と企業さらに広島県行政とが連携して広島型として独自のペレットストーブ（ペレトープ）を開発し，ストーブ導入の動きを加速させた。これまでの9年間で広島県内でのストーブ販売実績はすでに400台を超え，ようやくビジネスの域に達しようとしている。ストーブの導入事例が増えると，市民の目にする機会が増すことから，需要はさらに加速することが期待される。

　一方，木質ペレット生産については，2002年度末に小型ペレタイザーを購入し，試作試験や小規模な生産を実施し，中国5県で初めて木質ペレットを生産した。ペレット原料について検討したが，ヒノキ，スギ，アカマツ，樹皮（バーク），松くい虫の倒木，竹，ススキなどで作成したペレットの発熱量が凡て4,000kcal/kgを上回わっており，一般に国内で生産されているペレットと比較して，遜色の無いことがうかがえた。さらに，ススキ以外の草木植物でも4,000kcal/kg程度の熱量を有したペレットの製造が可能であることも判明した。

里山の復権と木質バイオマス循環型の地域づくり

　このことは，バイオマスの利活用において集落の小さな単位と地域全体の大きな単位でのバイオマス循環のあり方を想定させる。かつて里山は，薪や

炭をとるため人が入り生態系と生産性がうまく保持されていたが，化石燃料の普及とともに利用されなくなり，里山は荒廃していった。しかし，里山のバイオマス資源はペレットに加工されることによって使いやすい燃料となるため，再びその利用価値が高まるものと推測される。里山の整備や集落地の草刈などによって出てくるバイオマスを，小型ペレタイザーでペレットに加工し，各集落の家庭用のボイラーやストーブに活用すれば，我々は自分たちの力で石油を使わなくても地域で生まれるエネルギーの地域循環を実現させることができる。まさしくそれは昔の里山の暮らしの再現であり，物を大切にする日本人のかつての暮らしであった。集落単位のバイオマスの循環は里山の再生と崩壊した集落機能の再構築に繋がるものと期待される。

　また，地域全体規模でのバイオマス循環，すなわち，学校，プール，公民館などの公共施設や街中にある企業や家庭に対しペレットストーブやボイラーの導入を図り，大規模な木質ペレット需要を創出しペレット循環システム（ペレットチェーン）を構築する。この場合は大型のペレット生産システムやペレット流通システム，燃焼機器の販売・メインテナンス等の事業が必要となり，地域に本格的なバイオマスビジネスと雇用の創出がなされるものと考えられる。そうすれば，林業や木材製造業をはじめとしたバイオマス収集分野に活力が生まれ，森林整備はむろん，地域資源の循環システムが構築できよう。

　庄原市では，ストーブ用の木質ペレットの需要の伸びから，本格的なペレット生産システムを導入する段階にきている（当研究会の調査では，年間500トン以上の需要があれば採算がとれる）。

当研究会の活動からみえたもの

1．NPOと企業・自治体の連携

　当研究会と開発企業（日鋼設計株式会社）並びに広島県商工労働部の連携による広島型ペレットストーブ開発実践事例から窺えたことであるが，開発企業にとっての市民団体との連携は，開発目標とする製品に市民サイドから

の視点を反映できることと公共性が生まれることから，開発商品の広報・普及にあたり，特定の企業宣伝になることを恐れるマスコミや公的機関のバックアップが受けやすくなること，NPOの全国的なネットワークが活用できるなど大きな利点が生じる。事実，広島県庁ロビーで広島型ペレットストーブの冬季燃焼展示が実施され，マスコミによって度々報道される結果となった。また，NPOの普及啓発活動がそのまま企業の宣伝にもなり，マスコミに取り上げられることによって企業社員やNPO会員のモチベーションが高まることはいうまでもない。一方，NPOにとってはストーブ開発にかかる技術も資金も無いところで，その開発の成果を企業と分かち，バイオマス普及・啓発活動にとって有力なツールを得ることができる。

2. 市民参加型の地域づくり

これからの地域づくりには市民や関連団体が主役となり，行政はそれをバックアップしていくような体制づくりが必要である。その体制が取れる自治体が生き残れるのではないかと実感している。行政が地域づくりを主導すれば，市民の主体性が育たず中身の無い活動実態に陥りやすい。市民主役の地域づくり体制ができれば，少ない資金で大きな成果を得ることができる。行政は企画段階から市民をうまく参画させる脇役となること，一方NPO等の市民はシンクタンクとなれるような専門性を身に着けていくような姿勢が求められる。当研究会も主体性を維持したまま，いかに行政側との協力関係を構築するかが常に大きな課題となっている。

さらに，自立性を保持したままで活動の幅や質が拡大していくに従い，活動資金の確保がより深刻となることなど，苦労させられるところである。

当研究会が目指すまちづくり

地域社会における給湯や暖房などの熱エネルギーや電力を地元のバイオマスでまかない，加えて太陽光や水力などの自然エネルギーの利用や廃食油の回収・精製によるBDF活用システムなどを順次確立していき，総合的な自

然エネルギーを用いた暮らしづくりを実現させる。また，地域の景観的要素であるが街路樹の整備や柵や手すり，看板などを木製にするといった細かいところにも気を使い，地域を木のぬくもりのある町並みに替えていく。環境教育や自然のさまざまな生物に親しむことができる森づくりやバイオマスパークを市民の手で設置する。究極ではあるが，レストランでは本格的に薪や炭でピザやパンが焼かれ，火葬場では人々は重油では無くバイオマスボイラーで荼毘にふされる。それこそゆりかごから墓場まで地元の森林資源が活用されるといった，人々にとって魅力のある環境にやさしいバイオマスタウンを実現させたいと夢見ている。

（追記）本稿は，2011年に逝去された早田保義氏が「日本中小企業・ベンチャー　ビジネスコンソーシアム　年報　第9号」に寄稿したものを，遺族の許しを得て，坂本恒夫が転載したものである。

10. NPO法人若者就職支援協会

自律のための『就職支援』をおこなう若者就職支援協会

NPOのミッション

(1) 私たちNPO法人若者就職支援協会の思い

　NPO法人 若者就職支援協会（以下，私たち）は次世代を担う若者達に希望をもって生きてもらいたいと願っている。未来へ希望がもてないと嘆く若者達が増えたといわれる現在，私たちは，そんな若者達に対してポジティブなメッセージを発信し，行動していくことで良き影響があると考え活動している。当団体メンバーは20代～30代前半が占めており，若者と同じ目線で活動できることも若者支援としている理由である。また，低学歴者への支

図表1　若者就職支援協会の概要

【当団体の特徴】
・低学歴者向けの支援をおこなっている
・スタッフ全員が安定した職に就いている
・第一線で活躍するスタッフが支援メンバーとして所属
・中小企業診断士との連携
・多様な人材が所属（中卒から一流大学卒業，中小企業から大企業勤め等）
・教育と労働を一体的に扱っている

援にも力を入れている。低学歴者は経済的な苦境に立たされていることが多く，彼らの自律できる環境は整っていないのが日本の現状である。まだまだ日本は学歴社会という側面が強く，新卒一括採用という就職システムに乗ることができない低学歴者は，不安定な雇用情勢に晒されている。低学歴者の生い立ちの多くは，家庭環境や経済的な部分で不安を抱えている。自分自身ではコントロールできなかった部分に人生を左右されてしまっているのだ。そして，この負の連鎖は子供や孫というように次世代へと続くことが少なくない。何とかして，この負の連鎖を断ち切りたい。そういう思いで私たちは活動している。最終学歴が中学校卒業である理事長の黒沢だけでなく，他にも最終学歴が中学校卒業のメンバーが在籍しており，彼らの知見を活かして活動している。

(2) ビジョンとミッション

私たちは，

○ 『若者』が精神的，経済的に自律し，未来へ希望が持てるポジティブな社会をつくるというビジョンを実現するために活動をしている。このような社会の状態にするために，私たちは4つのミッションを掲げ活動を行っている。

① 『若者』が将来を真剣に考えるきっかけを創る

社会人と学生とが触れ合う機会を作り，学生自身が「働くこと」について早い段階で真剣に考えるきっかけを与え，後悔のない人生を歩んでいけるようにすること

② 『若者』が共に高め合えるコミュニティを創る

若者同士が共に刺激し合い，未来に向かってポジティブに生きていく際の，支えとなる仲間を作るきっかけとなるコミュニティを創造すること

③ 高校中退者等（中卒・高卒者を含む）の貧困問題を改善する

この日本では，いわゆる低学歴といわれる状況におかれてしまうと生きづらさを感じてしまうことが多いので，この生きづらさをさまざまなアプローチにより改善していくこと

④ 『中小・中堅企業』の活性化に貢献する

中小・中堅企業が，元気でモチベーションの高い若者を積極的に雇用し，活力に溢れる事業展開をしていけるように支援すること

これらに対応して以下の4つのことを信念として活動を行っている。
① 人は，切磋琢磨する仲間の存在があれば，ポジティブな連鎖反応を産むことができ，主体的に努力することができるということ
② 若者が，自らの将来を真剣に考えるためには，学校の先生や両親など特に影響力の強い大人以外にも，様々な社会人に触れ合うことに意義があること
③ 学歴の高低は，学生自身の主体性が形成される以前に決まってしまうケースがほとんどであり，それによって人生が決まるものではなく，誰でも努力次第で明るく豊かな未来を自分の力で創造できるということ
④ 若者が活き活きと社会で活躍していく状態を創るためには，日本経済の活性化が不可欠であり，そのためには，日本経済の基盤である中小・中堅企業の経営を活性化することが必要であるということ

(3)「就職」とは，職に就くこと

私たちは，会社に雇用されるだけが就職することだとは捉えていない。創業することも就職の一形態であると考えている。というのも，グローバル化が進展し，経済の不安定化，終身雇用の崩壊のはじまりなどにより働き方の多様化も益々進んできているからである。例えば，多様化する働き方のひとつに，インディペンデント・コントラクター（独立業務請負人，以下，IC）という考え方がある。NPO法人インディペンデント・コントラクター協会によると，ICは社員でもなく起業でもない第3の働き方であり，期限付きで専門性の高い仕事を請負，雇用契約ではなく業務単位の請負契約を複数の企業と結んで活動する独立・自立した個人のことである。「必要な時に必要なだけ」プロジェクトに参加し，ベンチャー企業としてIPOを目指すわけでもなく，自宅を中心に自分のペースで働くSOHOとも違うICは「雇われない，雇わない」フリーエージェントとしてのビジネスパーソンの新しいワークスタイルとして注目を集めている。

働くとは，"職"に"就く"ことであり，即ちこれを「就職」と私たちは

考えている。「就職」≠「雇用」と考える私達だからこそできる支援がある。そして「絶対安定」≠「正社員」である。たしかに一見，安定度合いは高そうに見える。ただ，現在は大手銀行だって潰れることがあるし，上場企業だって一昔前よりは簡単に倒産する時代である。会社の方向性を社員がコントロールすることは難しい。つまり，受け身の状態である社員は，破たんや倒産を自力で回避できないと考えれば，逆に，正社員が不安定なのかもしれない。これは大袈裟で誤解を恐れない表現だが，完全に間違っているとは考えていない。何が起きてもいいように備えておく。その際に，雇用されるという選択肢しかなければ，方向性を狭めてしまう。将来，何が起きてもいいようにスキルを高め，準備し，自律し，雇用される以外の道をつくっておくことが重要なのだ。

図表2　新規学卒者（中学校・高校）の就職プロセス

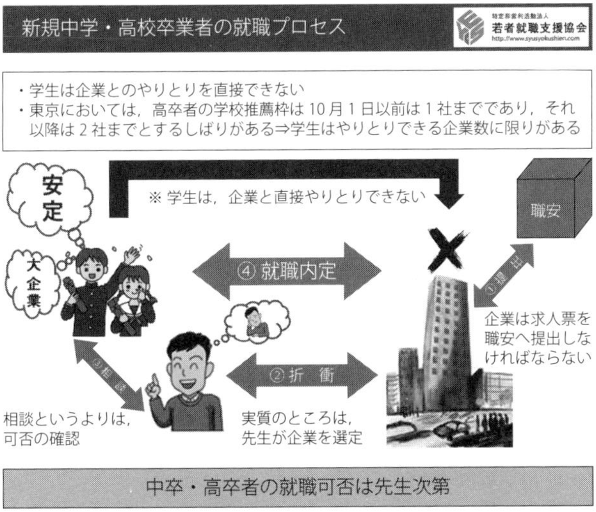

新規中学・高校卒業者の就職プロセス
特定非営利活動法人
若者就職支援協会
http://www.syusyokushien.com
・学生は企業とのやりとりを直接できない
・東京においては，高卒者の学校推薦枠は10月1日以前は1社までであり，それ以降は2社までとするしばりがある⇒学生はやりとりできる企業数に限りがある
安定
大企業
※ 学生は，企業と直接やりとりできない
職安
④ 就職内定
企業は求人票を職安へ提出しなければならない
② 折　衝
相談というよりは，可否の確認
実質のところは，先生が企業を選定
中卒・高卒者の就職可否は先生次第

(4)「自立」だけでなく，「自律」を目指す

自立と自律は別のものであると，私たちは考えている。大辞泉によると，

自立：他への従属から離れて独り立ちすること。他からの支配や助力を受けずに存在すること。

自律：他からの支配・制約などを受けずに，自分自身で立てた規範に従っ

て行動すること。

　例えば，家族から離れて独り暮らしをしている状態は，間違いなく自立しているが自律しているとは限らない。確かにこの状態は，家族からの支配や制約をうけていないが，自身での規範をもって他者から影響を強く受けずに，受け身ではなく主体的に行動出来ているとは限らない。私たちは受け身ではなく，自身で人生を切り開くために，自分自身で立てた規範（ルール）をもち，そこに従い，かつ，行動できる状態を目指す。この規範（ルール）は最初から無いということではなく，ほとんどが自分で気づいていないだけである。つまり，自律とは無意識の中で決めているルールをきちんと顕在化させ，そのルールに則って行動するということである。顕在化させることで自らが判断でき，他者の判断で動かないことにつながるので，自身で人生を切り開いていける人間へと成長できると考えている。また，自律している人は他者の判断に任せず生きているので，他人の人生を歩んでいないと言える。自分の人生を他人の人生として生きることを豊かな人生といえるだろうか。大半の人は他人の人生を生きることを嫌だと感じるはずだ。自律することで豊かな人生となる。

　私たちはこういったことから自律という言葉にこだわって活動している。もちろん，自立が確立されていなければ自律することは難しい。そして，自律した個人が連携し，成長し合えるような世の中に私たちはしたいと考えている。私たちは自立している若者に対して，自律を促す支援団体である。そのため，例えば，ひきこもりといわれる方々へのサポートは行っていない。

(5)　自律するためには働くことが必要

　自律した状態には2つの要素がある。経済的な自律と精神的な自律の二本立てであり，両立できてこそ自律した状態だと考えている。経済的な自律だけで人生が豊かにならないのは理解しやすいだろう。一方，精神的な自律だけで豊かな人生をおくるのも難しいと，私たちは考えている。この日本で生き抜くため，また，家族をもつためには生活費を稼がねばならない。自分で考えたルールに則り，行動してしっかりと稼いでいる状態が必要である。だ

からこそ，私たちは就職支援をおこなっている。ベースである経済的自律を確立し，精神的な自律を確立する。経済的自律は就職支援により，精神的自律はコミュニティの創造によりサポートしていく。人は，切磋琢磨する仲間の存在があれば，ポジティブな連鎖反応を産むことができ，主体的に努力することができると考えている。切磋琢磨する人達のコミュニティを創り，若者の精神的な自律をもサポートしているのだ。

図表3　私たちの考える自律の仕組み

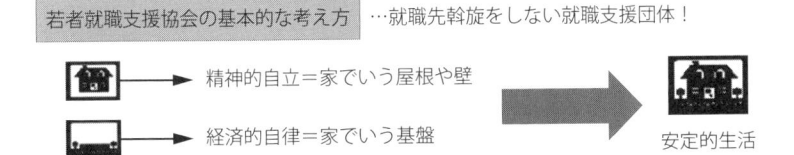

若者就職支援協会の基本的な考え方　…就職先斡旋をしない就職支援団体！

精神的自立＝家でいう屋根や壁

経済的自律＝家でいう基盤

安定的生活

当協会では，生活の基盤となる経済的自律と精神的なゆとりを示す精神的自律を目指します。まずは基盤（経済的自律）を固め，それから，心の豊かさ（精神的自律）を求めていきます。働くことを真剣に考え，豊かな人生となるためにはどうすればよいかを一緒に考えます。私達は若者の自律を促すために，職に就くこと，そして，就いてからを支援する団体です。

活動の経緯と歴史

1. 設立のきっかけ

きっかけとなったのは，今から4年ほど前。私（NPO法人 若者就職支援協会の発起人であり理事長の黒沢）が税理士法人に勤務をしていた時のことであった。顧問先の中小企業の社長達が若年者の人材不足について悩む一方で，テレビで報道されていた内容は，逆に就職先が無いと嘆く若者の話ばかりだった。

就職先が無いというが本当に無いのだろうか。テレビに映し出される若者はニヤついているようにさえみえた。なぜ，そうみえたのかは今となってはわからない。大学を卒業してしまい，正社員への道が閉ざされてしまったと彼らはいっていた。ある時，テレビのインタビューに対し，自慢げに取り出したジッポで外国製の煙草に火をつけ，白い煙をもくもくとなびかせなが

らおいしそうにふかす若者の映像が目についた。時にはコンビニで買ってきたであろう缶ビールを楽しそうに飲んでいる若者の映像が流れることもあった。彼らは本当に困っているのだろうか。むしろ現状を楽しんでいるのではないかとさえ，感じられた。彼らは，就職先が無いと嘆くわりには余裕を感じた。ただ単に仕事を選んでいるだけではないのか。私には到底，この若者たちが努力しているようには感じられなかった。

　これはあくまで，私がテレビ報道をみて感じた当時の状況であり個人的な感情だ。しかし，この何度も流される若者の就職難のテレビ報道に感じた違和感が設立のきっかけとなり，私自身が感じたテレビの映像に映る若者への怒り，憤りが引き金となった。この怒りは，確かに，私の生立ちや経験が強く影響していると考えられる。私自身の最終学歴は中学校卒業である。中学校卒業後は造船関係の塗装業，和食調理師，マンション販売の営業などの職に就いた。飲食店を開業したこともあり，経験した職は多岐にわたる。そして，29歳となった現在では50社近くの就社経験をもつことになった。複雑な家庭環境から経済的な困難に強いられたため最終学歴が中学校卒業となり，卒業後も家庭の助けにといくつもの仕事を掛け持ちしてきた。仕事を選ぶなんて考えられない状況が続き，その時々をこなす日々。こんな私でも仕事に就いている。にもかかわらず，テレビに映っていた彼らが仕事に就けないのか。こういった疑問から，私の怒りに火がついたのだろう。また，多くの中小企業での就社経験や税理士法人での勤務経験から，中小企業側の努力不足により若年者の人材不足があると感じたのも設立のきっかけとなった。

図表4　若者就職支援協会の歴史

・2007年1月から活動開始
・2007年12月より相談活動開始
・2008年10月に東京都より法人認証取得
・2009年から中小企業診断士による創業希望者支援開始。翌年から大田区企業との連携開始決定
・2010年4月より連載開始　月刊高校教育「拝啓，17歳の君へ」
・2010年4月から星槎国際高校にて開始したことを皮切りに，大森学園高校などでキャリア教育の出張授業である「学び隊」が本格的に始動

2. 3つの自律支援活動
(1) 就職前後相談活動

　設立当初から続けてきたことであり，メールや電話，時には実際にお会いしながら問題の糸口を相談者と一緒に探す活動である。相談の対応者の大半は私，理事長の黒沢が行っている。自身の経験を活かし，生の情報を知りながらひとつずつ対応していきたいとの思いがある。月に7～8本の相談件数と決して多くはない相談者数だが，ひとつひとつを大事に丁寧な対応を心がけている。ご相談をいただく内容は，すぐに解決できる内容ばかりではない。そのため，ひとつの案件を解決するために何か月も要することはよくある。逆に，一本の電話で済むこともあるが，そういったことは稀である。

　メール相談の多くは履歴書添削である。書類選考がうまくいかない方が私たちのサイトを見つけて相談メールを送られてくる。私の50社にせまる就社経験から得た情報や他のボランティアメンバーからの情報提供などにより，就職のお手伝いをしている。例えば，大企業へ送る履歴書と中小企業へ送る履歴書の書き方の違いを説明することだけでもかなりの効果がある。履歴書の添削は相談対応期間が短く，結果もでやすいので相談者に喜ばれることが多い。

　一方難しいのは，どんな仕事に就きたいかがわからない方への対応だ。こういった場合は相談者の過去に遡り，成功体験や好きな本などの良い事柄だけでなく，嫌いな食べ物や苦手な事などから一緒に見つけていく。そして，最終的には自身が絶対にやりたくないこと，絶対やりたくない仕事，絶対になりたくない人生像を探し出す。私たちは，最高を目指す生き方だけを推奨していない。最高はひとつしかない選択肢。また，最悪もひとつだけの選択肢。人は皆，最高の人生を歩めるわけではない。しかし，最悪以外の人生であれば，人は皆楽しく生きていけるのではないかと私たちは考えている。最悪回避の人生は無限大の選択肢を得ることができるはずだ。一連の流れの中で最も重要なことは，決して私達が答えを決定しないことである。私たちは選択肢を拡げるお手伝いをし，あくまでも決断はご本人でおこなっていただく。自律のためには自分で決めることが第一歩である。例えば，就職相談に

来た方が，対応していく中で「ものづくり」に興味があることに気付かれ，結果的にご自身で歯科技工士になりたいと考えて専門学校へ進まれたという例もあった。

最近増えていることは，親御様からの相談である。就職に悩むお子様への

図表5　就職前後相談活動の概略

■就職前後支援・カウンセリング
　対象者：主に30歳ぐらいまでの若者を対象としている
　支援内容：進路相談，セクハラ，パワハラ，面接対応，履歴書添削
　実績：2008年　18件　　2009年　31件　　2010年　47件（11月現在）

図表6　学歴別新規学卒者の就職状況

学歴別新規学卒者の就職状況（就職希望進路者）　　若者就職支援協会

・下記は，学歴別の新規学卒者の就職率推移の表
・2010年春卒業の中学卒の就職希望者にたいする就職内定率は52%
　⇒ 中卒就職希望者の2人に1人は就職できない状況

第1-(1)-25表　新規学卒就職率の推移

（単位 %）

卒業年	中学卒	高校卒	専修学校卒	高専卒	短大卒	大学卒
1998年3月卒	95.5	98.2	89.5	100.0	86.6	93.3
99	92.1	96.8	86.3	100.0	88.4	92.0
2000	86.7	95.6	83.2	100.0	84.0	91.1
01	84.7	95.9	84.1	100.0	86.8	91.9
02	78.6	94.8	83.3	98.3	90.2	92.1
03	76.5	95.1	85.0	95.7	89.6	92.8
04	78.7	95.9	90.3	100.0	89.5	93.1
05	82.8	97.2	92.5	98.5	89.0	93.5
06	87.2	98.1	91.8	96.7	90.8	95.3
07	88.7	98.4	93.8	98.8	94.3	96.3
08	88.6	98.3	93.7	99.6	94.6	96.9
09	80.7	97.8	91.8	100.0	94.5	95.7
10	(52.0)	(93.9)	87.4	99.5	88.4	91.8

（注）　1）　中学卒及び高校卒の就職率は厚生労働省調べで，ハローワーク及び学校で取り扱った求職者数に対する就職者数の割合であり，当年6月末現在の状況。
　　　2）　専修学校（専門課程）卒，高専卒，短大卒，大学卒の就職率は，厚生労働省と文部科学省共同によるサンプル調査で，就職希望者に対する就職者の割合であり，当年，4月1日現在の状況。
　　　3）　高専卒は男子学生のみ，短大卒は女子学生のみ。
　　　4）　（　）内は就職内定率で，中学卒及び高校卒は当年3月末現在の状況。
（資料出所）厚生労働省・文部科学省調べ。

中卒者に対する就職問題の解決は緊急かつ重要

図表7　企業の採用状況

企業の採用状況

- 下記は企業規模別の有効求人倍率の表
- 2010年10月における全体での有効求人倍率は0.56倍（大卒者を含む）
  ⇒ 企業規模別にみると，採用希望者数に至らない企業も存在する

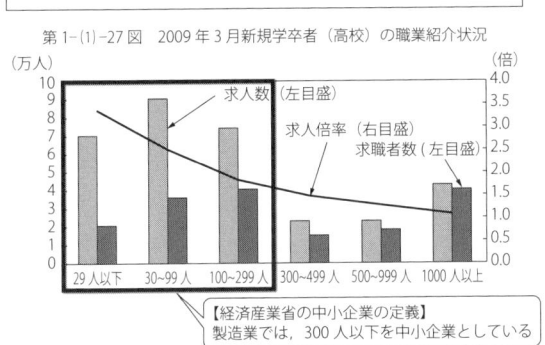

第1-(1)-27図　2009年3月新規学卒者（高校）の職業紹介状況

【経済産業省の中小企業の定義】
製造業では，300人以下を中小企業としている

（資料出所）厚生労働省『新規学卒者の職業紹介状況』より引用。

中小企業は人材不足である

対応方法に関する相談であるが，「大学院に通っている息子の内定が決まらない」，「30歳目前だが，いまだ定職に就けない」，「仕事をすぐに辞めてくる」といった内容が多い。しかし，お子様の多くは一人で物事を決めることが難しい状態のため私たちのスキルでは現状，これらの案件には対応できない。その際には，他のNPO団体などをご紹介し連携を図ることにしている。私たちがまず「できること」をしっかりやるのが重要であり，「できない」と言える勇気をもち，他の団体などと連携していくことが重要だ。そうすることで，私たちと相談者の相互にメリットが生まれ，信頼関係を構築することにつながると考えている。

(2) 中小企業活性化活動

・創業希望者支援

20代の男性相談者から創業したいとのメールがあったことから，この活動がスタートした。相談メールがきっかけとなり，そこから中小企業診断士のボランティアメンバーを集め，プロジェクトがはじまった。

創業希望者支援とは，基本的に事業計画書の作成を目標としている。中小企業診断士のメンバーがその際にお手伝いをする。例えば，SWOT分析（内外部環境分析）などから事業領域の設定のお手伝いをおこなったりしている。時には，アンケート調査に相談者と一緒に出かけたりもする。泥臭く，相談者と一緒に考え，行動することが大事だと考えているからだ。

　この支援は，創業ありきでないところが特徴だ。支援終了後に結果として創業を選択しない場合も多い。例えば，3年後の創業のために準備をすることも可能だし，自分には向いていないと考えた場合は創業をしないという選択をとる場合もある。相談者にとって最適と思われる選択肢を見つけるお手伝いをするのが私たちの役目であり，ただ単に創業させることが目的ではない。日本に存在する創業相談の場所の多くは，創業を決断しなければ相談することができない。だからこそ，私たちがおこなう必要があり，そもそも創業したほうがいいかどうかを相談できる場が求められていると考えている。

図表8　創業希望者への支援活動フロー

	ステップ	内容
(1)	エントリー	お問合わせフォームより登録をお願いします。
(2)	カウンセリング	現在お考えの事業アイデアのヒアリングを実施し，その実現に向けたプロジェクトの進め方について検討します。
(3)	スケジューリング	創業までに準備すべきことを整理し，創業に向けての具体的なプロジェクト計画を策定します。
(4)	ブレインストーミング	中小企業診断士メンバー数名を交え，事業アイデアについて自由に意見を出し合います。
(5)	SWOT整理	内部環境（Strength：強み，Weakness：弱み）および外部環境（Oppotunity：機会，Threat：脅威）を分析し，事業成功に必要な情報を整理します。
(6)	経営理念整理	ビジョン・ミッションを明文化します。
(7)	基本戦略策定	事業ドメイン（「誰に」「何を」「どうやって」事業展開を行うか）を規定します。
(8)	個別戦略の策定	具体的な事業展開のイメージを「組織戦略」「マーケティング戦略」「財務戦略」等詳細に落とし込み検討します。
(9)	事業計画書作成	上記で検討してきた内容を「事業計画書」に整理します。
(10)	ビジネスプランコンテスト等への参加	※ご参加の意思がある場合のみ。もちろん参加するからにはグランプリの獲得を目指します。
(11)	創業判断	創業のご判断をいただきます。

・企業・NPO支援

大田区にあるスタートアップ企業からの依頼によりスタートした活動である。マーケティングやITなど，大企業で培われたマネジメント技術をもった中小企業診断士の方達と支援をおこなった。具体的には，プレゼン資料の作成支援やマーケティングに必要なホームページの作成を手掛けた。最近は，NPOへも似たような支援を行っている。マネジメントが不得意なNPOが多い中，大企業で培われたマネジメント手法を習得している中小企業診断士がボランティアとなって，NPO支援を行っている。

若者が経済的な自律をするためには，受け皿となりうる企業の活性化が必要だ。日本の多くは中小企業。つまり，多数を占める中小企業の活性化が不可欠だ。また，創業する人が増え，その企業が成長すれば，雇用の受け皿となる。そして，NPOにも企業が得意とするマネジメントを習得して多くの人材を雇えるようになることで雇用を創出する。私達は若者の自律を促すために，企業やNPO支援もおこなっているのだ。また，理事メンバーの多くは，中小企業診断士の資格保有者であり，彼らの知見やネットワークを活かすことで中小企業やNPOの活性化に寄与していきたい。

図表9　中小企業活性化活動の概略

■　中小企業活性化支援
対象者　：創業を希望する方，既設企業の新規プロジェクトの支援などを対象としている
支援内容：中小企業診断士によるコンサルティング，事業計画書作成支援
実績　　：創業希望者案件　3件，既設企業案件・営利企業　4件，非営利企業　5件

(3)「学び隊」プロジェクト

「学び隊」とは現役の記者を主とする社会人が現場で得た生の情報を学校現場へ届けるための出張授業のことである。常に社会動向のアンテナを張り，豊富なコネクションも持ち，何より平日の日中でも動ける「記者」を隊員として集めることで，学校現場の多様な要望に応えている。

私達は，就職支援には教育が重要だと考えている。川下ではなく，川上での支援が必要だということだ。就職活動を始めてから，初めて仕事や将来に

ついて考えるのでは遅過ぎる。エントリーばかりで内定の取れない大学生，入社したはいいがミスマッチを起こし早期離職や自分探しなど，その結果，不安定雇用に陥るケースは後を絶たない。より早い段階，つまりは中学や高校の場で職業教育などを通し「大人になるキッカケ」を与えれば，主体的に将来を考え，スムーズに就職活動，そして社会へ移行していけるのではないかと考えている。

　これらの教育を，学校現場にすべてを押し付けるのは困難な状況だ。少子化の影響もあり，家庭では子どもは個室を与えられ，給料は銀行振り込みに変わり家庭の中で仕事や社会について話をする場は少なくなってきている。

図表10　学び隊（キャリア教育）の概略

■キャリア教育（学び隊プロジェクト）
　対象者：中学校，高校，大学の学生を対象としている
　支援内容：現役記者による出張授業，進路指導前進路指導，キャリア教育
　実績：星槎国際高校（立川学習センター），学校法人精花学園，大森学園高校，法政大学，川崎市立高校など

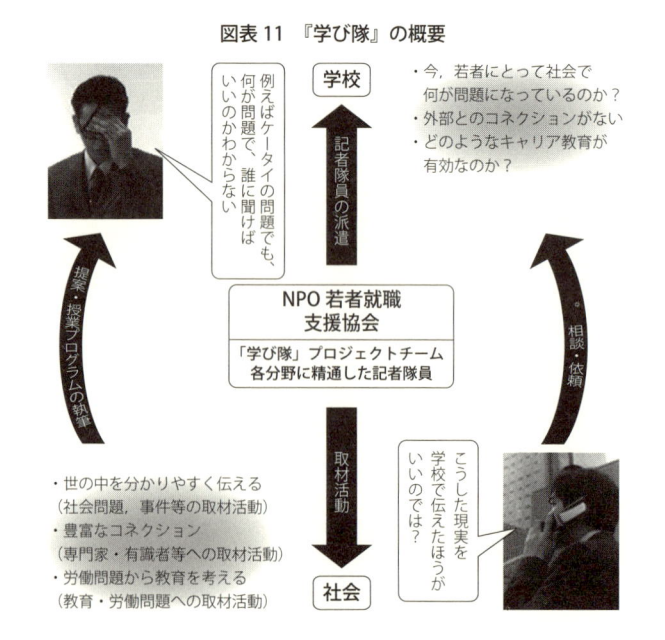

図表11　『学び隊』の概要

- 今、若者にとって社会で何が問題になっているのか？
- 外部とのコネクションがない
- どのようなキャリア教育が有効なのか？

例えばケータイの問題でも、何が問題で、誰に聞けばいいのかわからない

こうした現実を学校で伝えたほうがいいのでは？

学校

NPO 若者就職支援協会
「学び隊」プロジェクトチーム
各分野に精通した記者隊員

社会

記者隊員の派遣
相談・依頼
提案・授業プログラムの執筆
取材活動

- 世の中を分かりやすく伝える
　（社会問題，事件等の取材活動）
- 豊富なコネクション
　（専門家・有識者等への取材活動）
- 労働問題から教育を考える
　（教育・労働問題への取材活動）

また，駄菓子屋がコンビニに変わり，地域社会の中でも大人と接する場は失われつつある。そこで生まれたのが「学び隊」だ。学校現場と社会を繋ぐコーディネート役を私たちが担おうとしているのである。

学び隊の具体的活動内容は，
① 進路指導・キャリア教育のみならず，その動機付けを行う授業内容の相談・企画・提案
② 上記の授業提案に即した社会人講師の派遣

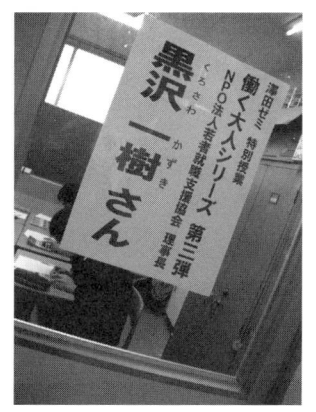

③ 若者の労働・教育問題に関する記事の寄稿，講演活動
（実績校：星槎国際高校，大森学園高校，川崎市立高校，法政大学など）
（授業内容例：「働くルールを知って，正しく働こう」，「働く大人に会おう」，「マイナスをプラスに変える」など）
などである。

3. 今後の活動

今後の活動として，低学歴者専用の就職マッチングサイトの構築や大学へのキャリア支援の展開を考えている。低学歴者専用の就職マッチングサイトについては，多くの就職マッチングサイトにのっている求人のほとんどが専門学校や短期大学，大学などの卒業を要件としており低学歴の方たちがインターネットで主体的に求人を探す場が少ないため，そのような方たち専用の

図表12　若者側の採用告知受信度

若者側の採用告知受信状況

- 下記は、中小企業の採用告知状況とそこから引き起こされる若者側の観点からの弊害について示している
- 若者側の働くイメージが乏しく、また、B to C 企業ばかりに目がいっている
  ⇒大企業志向である

～若者側の採用告知受信状況～

- B to C 企業ばかりに目がいっている
- 働くイメージをもてていない
- 安定というイメージから大企業志向である
- 情報収集能力に欠ける
- 学校の先生に頼っている状況
- 知名度の低い企業は親の反対により、選択肢から外してしまう

【現場の声】
◆ 若者就職支援協会に相談に来た定時制高校に通う A 子さんの話です。現在、4 年生ですが、就職活動は上手くいってません……
応募するにも制限があって、数をうつことはできない状況ですね。
正直、大企業に入りたいです。だけど、入ることは難しい。でも、どんな企業に入ればいいかわかりません。このまま、就職できるのか不安です……

若者は中小企業／B to B 企業の採用情報を十分に検討できていない

図表13　中小企業側の採用告知送信度

中小企業の採用告知状況

- 下記は、中小企業の採用告知状況とそこから引き起こされる弊害について示している
- 学歴関係なく採用意欲がある中小企業も存在する
  ⇒中小企業の認知度不足からミスマッチが生じている

～中小企業側の採用告知状況～

- 中小企業は、採用にお金をかけづらく、告知ができない
- もっぱら、ハローワークでの採用募集
- お金があっても、採用募集方法はせいぜい求人媒体に載せるぐらい……
- 面接なため、学校へのアプローチができていない
- 結果、企業の知名度が低いことが多い

ディスコは、半導体に使う切断装置のシェアで世界トップに立つ知る人ぞ知る優良企業。『就職難といわれますが、当社のような知名度の低い企業にとっては採用難。内定辞退率は約 5 割に上ります』　　　　（AERA より引用…編集 澤田晃宏）

【現場の声】
◆ 大田区の中小企業の社長達や人事担当者の声を聞いてみると……
『学歴関係なく採用したい』『若い人材が欲しい』との声を聞くことが多い。
⇒職種や企業規模によっては、学歴関係なく採用意欲あり

**中小企業は採用の告知手段が少なく、
学生に魅力を伝えることができていない**

マッチングサイトが必要であると考えている。大学へのキャリア支援は，就職活動をおこなっている大学生が頑張っていることと企業側が頑張ってほしいことのミスマッチが起きているという問題に対して，人事部とは特には関係ない現役の社会人が生の企業の実情について伝えることによってこのミスマッチを解消し，より人生を豊かにするための就職活動を支援していくことが目的である。

組織の特徴

私たちはミッションを達成するため，以下のようなことを心がけている。

- 誰もが持つ「長所」を伸ばしていくために，それぞれの個性を尊重すること
- 悩みを自分のことと捉え，誠心誠意の対話をすること
- 私達自身が常に前向きであることにより，ポジティブな連鎖を産み出すこと
- 社会の一員としての意識を常に持ち，多くの関係者との連携の中でビジョン実現に突き進むこと

このような考えをもったメンバーがボランティアとして集まり活動している。集まっているメンバーには具体的には以下のような特徴がある。

1. 定職に就いている人がほとんど

定職をもっていて週末などの休みの日や就業後，および昼休みなどを使って活動に参加している人がほとんどである。つまり，私たちのNPO活動だけに専念している人はほとんどいない。各々が自律した社会人として，本職の企業などで得た知見や技術を生かしてこそ，良い活動ができると考えている。私たちの活動はさまざまな業界や領域の経験と知見を持ち込むことによって初めてうまくできるものばかりなのだ。例えば，NPOへの支援も企

業に勤めている現役のビジネスパーソンだからこそ企業が強みとして持っている最新のマネジメント技術をNPOに伝えることができるし，「学び隊」も教育を専門としている先生ではできない，幅広い社会情勢の知識があってこその，現役教師にはできない，生きた社会の授業を行えるのだ。定職で得た知見をボランティアで活用する。また，その逆にボランティアで得た知見を定職で活用する。それによって定職でも定職だけをやっている人よりも新しい切り口で仕事ができ成果をよりだせることがある。専念せずに複数の活動が相互にインプット（学習）とアウトプット（成果）となり，相乗効果を生みだすと考えている。これはまさにこれからの新しい生き方であり，ハーバード・ビジネスレビューに掲載されたスチュワート・D・フリードマン著の論文「ワーク・ライフ・バランスの新しい行動」（2008年9月）などで紹介されたことを実践しているのだ。

　そして，誰でも気軽に社会貢献できる場所をつくりたいとの思いから，定職をもつメンバーでも参加しやすいような工夫をしている。日本でのボランティアは本気になって自己犠牲を伴うようなイメージが強く，片手間的な感じでのボランティア参加が難しい状況となっていると考えられる。片手間的というのは，数か月に1回とか仕事の昼休みにちょっとやってみようといった感覚である。専念するのではなく，ちょっとした時間にできる社会貢献。具体例をあげれば仕事の休憩時間の五分をつかって相談者のメール対応をおこなうなどだ。誰でもいつでも好きな時に好きなだけ出来る社会貢献の場所，肩の力を抜いてできる場所をつくりたいと考えている。私たちは活動メ

ンバーの時間と労働力の寄付により組織が成り立っている。そして，定職から得た技術・知見も寄付されているのだ。

2. 中小企業診断士による労働力の寄付

　ボランティアメンバーの多くは，中小企業診断士の資格保有者である。彼らの時間と労働力の寄付を受けることで，中小企業活性化活動を可能としている。専門性をもつ彼らがボランティアで参加をするのは，ある仕掛けがある。

　中小企業診断士の資格は五年ごとに更新する必要があり，実務従事ポイントというものが必要となる。これは，実際に中小企業への助言等をおこなうということだ。しかし，中小企業診断士の多くは企業勤めであり，外部企業への実務機会には恵まれていない。そこで私達が，実務ポイント獲得の場を提供することで，彼らのボランティア参加を可能としている。もちろん，ただ実務ポイントが欲しいだけの人は参加していない。責任感があり，自立（自律）していなければ参加はできない。彼らの多くは一流企業といわれるところに勤務しており，専門性をもった人達だ。彼らの知見を活かす場を提供するだけでも意義があることだと考えている。

　ただ残念なことに，NPOへの支援では実務従事ポイントは認められていない。これは中小企業診断士という資格が中小企業庁が作ったものであり，彼らの管轄である中小企業への支援以外は資格の目的ではないとしているからだ。これは，病院や学校法人も同様であるが，中小企業以上に，NPOや病院，学校法人などが，中小企業診断士が持つマネジメントの技術・知見を欲している。NPOへの支援でも実務ポイントが認められれば，NPOで不足していると言われるマネジメントの強化が，中小企業診断士たちのボランティア活動によって，多くなされていくだろうと考えている。私たちは，是

図表14　中小企業診断士についての概要

中小企業診断士は，中小企業の経営課題に対応するための診断・助言を行う専門家です。法律上の国家資格として，「中小企業支援法」第11条に基づき，経済産業大臣が登録します。

（社団法人　中小企業診断協会HPより引用）

非とも，この部分の改正を望んでいる。

　今後は，更新要件などに実務従事が必要となっている他の資格保有者への参加も広げていきたいと考えている。資格の更新や受験要件に実務従事が必要な人達をボランティアへ参加してもらえるようにすることは，今後のNPOの人材不足を解消する手段となると考えている。

3. 多様な活動メンバー

　理事長は中卒。他の理事メンバーは大学や大学院を卒業し専門領域も様々だ。中小企業に勤務するメンバーもいれば，いわゆる大企業といわれるところに勤務する者もいる。職種についてみても，経理がいればマーケティング，SEや金融など多様な人が集まっている。性格も趣味もバラバラだが同じ活動をしている。そのため，右に同じくといった風土はないが，議論に議論を重ねることができ，常に組織が活性化できる土壌がある。相談者側に聞いてみても，多様な選択肢を提案できる団体であり，テンポが早い団体だと言われる。

　自律した個の連携を形成し，世に良き影響を与えるには似た者同士では中々うまくいかないと考えている。個を尊重し，相手を受け入れることができる人だけが自律した個として連携することができるのだ。

経営課題

1. 資金獲得

　資金獲得方法は「月刊高校教育」などの執筆原稿料や「学び隊」での講演料，そして寄付である。確かに，私たちは時間・労働の寄付でなりたっており，ほとんどの人が定職を持ち専任のメンバーがほとんどいないため，資金は比較的必要がない。とはいえ，現在，交通費や会議費などは活動メンバーの実費負担となってしまっており，また，ボランティアメンバーへの保険加入などもできておらず，今後はこれらの負担を団体の経費として負担をしたいと考えている。そのためには，今以上の資金獲得を行った方がよいと考え

ている。

　特に，寄付収入を増やしていきたいとの思いがある。皆が寄付をしたいと思わせる団体になるということは，それだけ魅力的な団体であると考えられるからだ。それと，税制面での優遇措置があることも理由のひとつである。「寄付をしたい団体とは」，その答えの糸口となるものとしては，有益な情報の提供と資金の使途情報の公開を考えている。

　また，活動による資金獲得も選択肢として考えている。就職に悩む学生が増えた大学に対して，出張授業をおこなうなど，活動による資金獲得についても強化していく必要性があると考えている。その際には必要であれば随時助成金の申請を行うことも選択肢のひとつである。寄付収入と活動による資金獲得，そして，助成金をどのようにバランスしていくかが今後の課題である。

図表 15　入会金・会費の概要（2011 年 4 月現在）

	会員の種別	入会金	年会費
(1)	正会員	￥10,000	￥60,000
(2)	賛助会員（個人 / 求職中の方）	￥0	￥0
(3)	賛助会員（個人 /(2)以外の方）	￥5,000	￥10,000
(4)	賛助会員（団体 / 法人）	￥20,000	￥100,000
(5)	賛助会員（記者会員）	￥0	￥35,000
(6)	特別会員	￥0	￥0

2. ボランティアメンバーへのマネジメント

　中小企業診断士以外のボランティアメンバーへの業務の分担やモチベーションの維持が必ずしもうまくできていないのが現状である。ボランティア活動は給料をもらうわけではなく，直接的な金銭価値をうまない自己活動であるため，コミットしてもらう誘引力を維持しなければならない。彼らが自主的に力を発揮してもらえる様な環境をつくる必要がる。ボランティアメンバーに対して管理的になっては自律的な活動を阻害してしまうが，かといって何も手を加えないのもモチベーションの維持ができず問題となる。この問題を解決する方法として現在取り組んでいるのは，「任せること」と「NOといえる風土づくり」である。

「任せること」で私たちが信頼していることを伝えることができる。任された側は，信頼してくれたから任せてくれたのだと受け取れると考えている。信頼関係の構築は組織にとって重要だということは当たり前であるが，この当たり前を中々できないことが多いと感じており，私たちも十分にできていないところがある。NPOは直接的な金銭価値の結びつきがないボランティアメンバーが存在するため，彼らとは特に信頼関係が重要となる。また，「任せること」の一種である権限委譲は組織の活性化に寄与することも昨今の研究で明らかになっており，私達の進める「任せること」はそれを実践しているのである。

　「NOといえる風土づくり」はモチベーションの維持向上と，より私達にコミットしてもらうための効果があると考え実践している。人はやらされ感がでるとモチベーションが下がる。そして，「任せること」を失敗しないためにも，嫌なことやできないことをNOといえる環境が大事だと思い実践している。また，できることや好きなことをやろうとしている人達を邪魔しない環境も重要だ。日本人はNOということに抵抗があるようだが，NOといえる環境をつくることで次につながると考えている。

まとめ

　私たちは次世代を担う若者達に希望をもって生きてもらいたいと願っている。人々の生き方が多様となり選択肢が増えた一方で，学校や企業などに頼り切った他人任せでは充実した人生をおくるのが難しくなり，自律することが求められる社会にもなってきた。私たちは若者たちの自律を促し，充実した人生を自律的におくるための「就職」をサポートしたい。それにより，低学歴者の人が就職に苦労し，その子供たちがまた低学歴になってしまうという負の連鎖を断ち切りたい。そして私たち自身も，多様な生き方，企業など特定の組織だけに頼るのではなく，自律した人として連携をして，定職の知見を生かしてNPO活動を行うとともに，NPO活動で得た知見を定職にも生かせれば，なおいっそう良いことであると考えている。

コラム

　私（理事長の黒沢）は，この団体を立ち上げたときのことを思い出すと，現在も活動ができていることに驚きを隠せない。幾度となく法人消滅の危機があった。仲間との思いの共有がうまくいかなかったり，資金的な問題や中卒の理事長ということで他者から受け入れてもらえなかったりとさまざまな苦難があった。しかし，その時々を人の縁で乗り越えてきた。苦しいときに仲間が声を掛け合い，人を呼び，つないでいく。人は財産と表現するが本当に心から私はそう感じている。また，"できることをやる"というスタンスがあったからこそ今があると考えている。「自分たちはこれがやりたい」ということにこだわり過ぎず，"自分たちができること"をまずはやろうと考えてきた。そのためなのか型にはまらない私たちのところにはいろいろな人たちが集まっており，各々が自律的に活動している。

　時に多様な人材を抱えていると，思わぬことを頼まれることがある。高齢化社会を迎えるこの日本のために，車椅子の法定点検制度を創設して欲しいという事業案。安全な車椅子を提供できる仕組みを創り，かつ，そこに若者の雇用を絡ませようという試み。別組織でやるかは決めかねているが，前向きに検討しているところである。

図表16　若者就職支援協会ロゴマーク

特定非営利活動法人
若者就職支援協会
http://www.syusyokushien.com

◆最後に一言
　やりたいことというのはもちろん大事だが，できることを積み重ねることも大事ではなかろうか？
　最高の人生を目指すのではなく，最悪回避も選択肢に加えてみてはどうだろうか？
　私たちは若者が自律的に生きていけるようにサポートし，日々，切磋琢磨

する存在として在り続けたい。

11. 認定 NPO 法人難民支援協会

母国での迫害から日本に逃れてきた人々（難民）のために

ミッション

1. "日本で生活する"難民のために

　難民支援協会（以下，JAR）のミッションは，「難民が，日本で，自立した生活を安心して送れるよう支援すること」である。これを実現するために，JAR の活動は下記の3つの柱に基づいて行われている。

　①　日本で生活している難民への法的・生活支援活動

　難民認定手続き支援などの法的支援と生活支援の2つの活動により，難民一人一人に対して，包括的・専門的に支援を行う。国連難民高等弁務官事務所の業務実施パートナー団体として実施。

　②　日本で生活している難民についての政策提言，調査・研究活動

　法的・生活支援活動の中で知る難民の声や現場のニーズを，制度づくりの場に生かし，難民にとってよりよい難民保護制度の確立を目指す。

　③　日本で生活している難民についての広報活動

　難民支援の理解促進や担い手の育成のため，日本における難民の状況や難民の声を市民に届け，よりよい制度や難民を支える輪の広がりを目指す。

　かように，活動内容のすべてに「日本で生活している」というフレーズが入っているところが，JAR の最大の特徴であり，われわれ日本人へ向けたメッセージともいえる。

　というのも，そもそも「難民」という言葉を聞くと，日本人の多くは，戦争や飢餓で隣国に逃れ，砂漠の中でテント生活をしている人たち，という姿しか思い浮かばない。テレビなどの報道でよく目にするのも，そうした人た

ちの姿だけだ。

　だからこそ，日本に難民がいるというイメージを抱きにくい。そもそも，日本に難民がいるということを知っている人自体が，圧倒的に少ないのではないだろうか。外国人の出稼ぎ労働者，不法滞在者と同様に見られるケースも多々ある。

　それだけに，本来ならば得られる権利を享受できなかったり，いわれなき差別を受けたり，場合によっては迫害されたりすることも少なくない。

　そうした社会的弱者である「難民」に対して，当然得られる権利を享受できるようサポートし，日本において自立した生活が営めるような制度・環境作りを担うことが，JARのミッションというわけである。

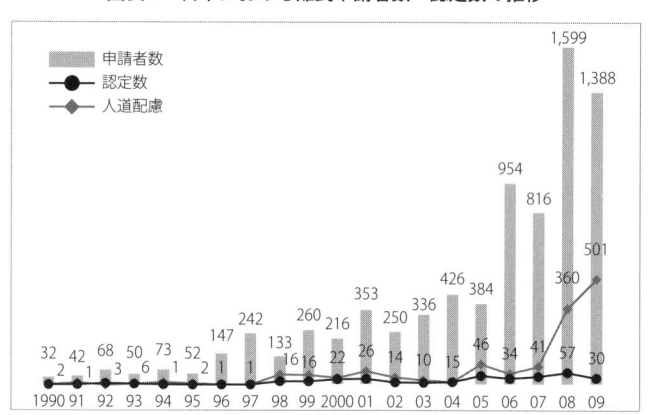

図表1　日本における難民申請者数・認定数の推移

では具体的に，「難民」とはどのような人をさすのか？

　インターネット辞書「大辞泉」によると，「難民」については次のように説明されている。

　① 天災・戦禍などによって生活が困難な状態にある人民。
　② 人種・宗教・政治的意見の相違などによる迫害を避け，外国に逃れた人。ある程度まとまった集団についていう。

　また，「難民条約」では，次のように定義されている。

　人種，宗教，国籍もしくは特定の社会的集団の構成員であること，また

は，政治的意見を理由に迫害を受けるおそれがある，という十分に理由のある恐怖を有するために

　ア）国籍国の外にいる者であって，その国籍国の保護を受けることができない者，またはそのような恐怖を有するために，その国籍国の保護を受けることを望まない者，及び

　イ）常居所を有していた国の外にいる無国籍者であって，当該常居所を有していた国に帰ることができない者，または，そのような恐怖を有するために，当該常居所を有していた国に帰ることを望まない者

　ちなみに，「難民条約」とは，国連を通じて起草され1954年発効した難民の地位に関する条約，およびその適用範囲を広げた1967年発効の難民の地位に関する議定書のふたつを，まとめたもののことを指す。そして，この条約の定義が，現在最も一般的に認められた定義となっており，日本も1981年に難民条約に加入している。

　そこでJARも，一義的にはこの条約で保護の対象としている，なおかつ日本に滞在および居住している人およびそれを待っている人びとを，支援すべき対象としている。

歴史

1．設立前夜～仲間の熱い思いが結実

　JARの設立は，1999年7月17日だが，1年ほど前からその準備はスタートしている。萌芽は，国際的な人権NGOであるアムネスティ・インターナショナルが，東京と大阪に「難民チーム」というグループを立ち上げていたことである。

　このチームを東西でリードしていた筒井志保（JAR初代事務局長，現難民審査参与員）と石井宏明（JAR常任理事），そしてそれを支えていたチームのボランティアメンバーは，活動に取り組む中で，難民のニーズに総合的に対応できる「窓口」の必要性を痛感していた。というのも，当時の難民は，例えば難民申請手続きや裁判が必要かどうかの相談は弁護士へ，生活

に関する相談は教会やNGOへなどと，それぞれのニーズごとに別々の「ドア」を，ノックしなければならない状況だったからだ。

つまり，そうした状況では，難民の日本における自立した生活どころか，そもそも難民申請さえままならない。NGO，弁護士，研究者，ボランティア等，それぞれの立場で難民支援に取り組んでいる人たちに声をかけ，日本で難民支援に取り組む専門的，かつ総合的な団体の設立を目指したのである。

ちょうどこの年に，NPO法が成立したことも，団体設立の動機付けとなったという。

ちなみに，当時の難民申請者数は年間133人で，その数は年々増加傾向にあったが，認定数は95年1人，96年2人，97年1人とほんの僅かだった。しかし，それが98年になってからは，申請の結果を待っている人が300人にのぼっていることが国会でも取り上げられ，前年比10倍以上の16人が難民として認定された。

また，96年には研究者の集まりの難民問題研究フォーラムが提案書を作成，98年には全国難民弁護団連絡会議が立ち上がるなど，我が国においても僅かながら難民問題に関する問題意識が高まっていた時期だった。

日本での難民支援の重要性を，アムネスティで実践を通じて感じていた鴨澤巌（法政大学名誉教授）を代表に，10人以上の参加を得て，99年2月には設立準備会が発足。筒井志保が事務局スタッフに立候補し，具体的な団体設立へ向けての準備がスタートした。

筒井の原点は高校時代。在日外国人の友人が，国籍のために制度的差別を受ける現実を知り，ショックを受けたことにあった。その後アムネスティに出会うことで，難民支援活動へと身を投じることになった。

当時の活動は，ボランティアの参加もあったが，彼女が一人で事務作業，難民からの相談，資金調達等を中心的に担っていたため，業務量も非常に多く，事務所に毛布を持ち込み，泊まり込むことも少なくなかった。それでも，「日本に来た難民を救えるのは他ならぬ日本人だ」という思いが，多忙の身を突き動かしていたという。

もう一人の牽引役である石井は，大学商学部を卒業後，愛知県のメーカーで人事の仕事を6年半経験。自らのキャリアを変えたいと修士号取得を目指して米国へ留学したことが，現在につながる大きな転機だった。大学院では積極的に国際関係の講義を受講し，院修了後帰国してからも，アムネスティに就職することとなった。

　アムネスティでは世界各地の人権侵害を扱いながらも，日本支部のスタッフとしては，なかなか現地や被害者と接する機会がないなかで，もっと積極的に難民問題に関わりたいと考え，97年NGOピースウィンズジャパンへ転職。8年以上にわたり同団体で仕事をしながら，ボランティアとしてJARの運営に携わってきた。そして満を持して2007年，正式にJARの事務局スタッフとして常駐するようになった。

常任理事　石井宏明氏

2. 設立～600万円の設立資金，事務所は間借り

　団体設立の際，目指すべき活動を策定するにあたりJARは，「難民は何を必要としているのか」という難民の視点に立ち，次の4つの点を強く意識した。

① 難民支援に関する専門家集団であること

　例えば，出身国の情報や世界的な動向など，難民を取り巻く状況を適切に把握して分析する能力，法律面・生活面での専門知識がないと，効果的に支援することはできないと考え，専門性の蓄積，また専門性を持つ人たちとのネットワークに力を入れた。

　また，法的支援と生活支援両方が充実していなくては，難民は安心した生活が送れないことから，両方をバランスよく支援できるよう，幅広い情報・知識の収集に取り組んだ。

② 常駐スタッフを置くこと

法務省入国管理局での難民認定手続き，区役所や病院への同行などは，ほぼすべて平日・昼間でないとできないために，専従で取り組むスタッフを常駐させる必要があった。そのため，将来的なスタッフの拡充も目指しながら，筒井が初代事務局長として団体の運営，支援のすべてに関わることになった。

③　難民への直接支援活動に加え，調査・政策提言と広報活動も行うこと
　ただし，政策提言については，現場での積み重ねの中から出てくることに基づいて取り組むべき，という方針だったため，まずは難民一人一人の支援に比重をおいて活動することとした。

④　国際基準を意識すること
つねに，現場でおきていることを国際的な基準に照らし合わせて考え，解決法を模索していくというアプローチを取るようにした。実際，難民認定の手続きや審査基準のあり方を提言する際は，必ず諸外国の判例，難民条約の解釈等をひもといた。また，難民申請者の収容や置かれている状況の改善を求める際は，まずは国際的な条約を調べ，自分たちの活動の指針とした。

　設立に当たっては，まず設立メンバーから約200万円，その他十数名の寄付者や助成金から約400万円，合計600万円程度の資金を集めた。さらに事務所スペースとして，他団体に間借りする形で，机1つ・パソコン1つを置くことができる場所を渋谷に確保し，JAR は無事，1999年7月の設立総会を迎えたのである。

　しかし，新聞を見たというボランティアの応募，難民からの相談に応えるうち，最初の事務所もすぐに手狭となり，設立半年後には，その後4年間お世話になる飯田橋の銀鈴会館4階へと移ることとなった。

　設立当初は個別の難民支援活動を軸に，難民支援に取り組む NGO とのネットワーク作りを中心にその事務機能を担い，その実績が認められ

常任理事　石井宏明氏

2000年8月，国連難民高等弁務官（UNHCR）日本・韓国地域事務所（現，駐日事務所）と契約を締結，パートナー団体として業務を共同で行うこととなった。

これにより，UNHCRに問い合わせがあった相談も受けつけるようになり，難民から紹介も増え，相談件数は急激に増加。団体の認知度も徐々に高まっていった。

3. 節目①～方向性の再認識と個人情報保護

活動初期の段階において，その方向性の正しさをあらためて認識させたのが，設立3年目2001年10月に起きた「アフガン難民申請者収容事件」だった。

これは，アメリカにおける9.11同時多発テロの影響から起きたといわれる，日本において難民申請中だった9人のアフガン人が突然，警察と入国管理局（入管）によって一斉摘発されるという前代未聞の事件である。日本政府が，アフガニスタンへの支援を決めた直後の事件であったので，国会議員をはじめとして，多くのメディアも関心を持った。

申請をしている者への収容に関して，まったく説明もないという事態に，JARやアムネスティ・インターナショナルは，抗議声明を発表。日本弁護士連合会やUNHCRも懸念を表明し，メディアもこの問題を大きく取り上げた。

9人（後に，収容されていたアフガン人は，30名を超えていることが分かる）を解放するためには，裁判に訴えるしかなく，それを担ったのは，児玉晃一弁護士をはじめとする，総勢20人の弁護士による弁護団だった。一方JARは，弁護団やほかの支援者たちと連携し，収容中，そして一時的に解放された難民の生活面，医療面の支援に力を注いだ。

突然に収容された申請者たちは，肉体的にも精神的にも疲れ果て，体調を崩し，自殺を試みる人も相次いだ。彼らの心によりそい，生きていく気力を維持してもらうために，心身の健康を保つ手助けが必要だったのだ。

この事件を通じてJARは，法的支援と生活支援を両輪として活動してい

くことの意義を，あらためて実感。以降，そのために必要なネットワーク構築に，さらに注力するようになったのである。

しかし，実はその一方で，難民申請中という不安定な立場に置かれた人々を，長期的に支援していく難しさを，改めて教えられることにもなる。それは，メディアへの発信方法であった。裁判は長く続くものであるが，ニュースでは，専門的な法律や裁判上の用語での報道のみで，市民に理解されにくい。継続して取り上げられる機会が減ることで，関心も低くなっていった。また，彼らも将来の見通しがないまま長期的に裁判の結果を待つことで，苦痛を強いられることとなった。

そして裁判は，いったんは難民たちの申し立てを認め，収容を含めた退去強制の執行の停止を認める決定を下したものの，高裁において収容取り消しは却下されてしまう。難民たちは，再び収容され，本国への帰国を余儀なくされた者も出てしまった。

JARは改めて難民への支援の難しさを痛感し，この痛みを無駄にしてはならないと身を引き締めたのである。

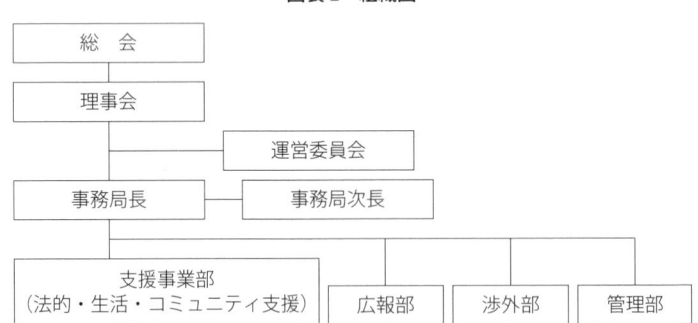

図表 2　組織図

```
         総　会
           │
         理事会
           ├─────── 運営委員会
           │
        事務局長 ─── 事務局次長
           │
    ┌──────┼──────┬──────┐
  支援事業部   広報部  渉外部  管理部
(法的・生活・
 コミュニティ支援)
```

4．節目 ②〜中国・瀋陽事件をきっかけに法改正

2002年，JARは，各政党やマスコミに対して，よりよい難民保護のあり方を提案し，政治家の理解・協力を求める活動（ロビイング）に，本格的に乗り出した。そのきっかけとなったのは，同年5月に中国で起きた「瀋陽事

件」である。

　これは，保護を求めて中国・瀋陽にある日本総領事館に逃げこんだ朝鮮民主主義人民共和国出身の一家が，中国警察に拘束されるという事件。領事館の敷地のなかで，泣き叫びながら保護を希望する家族を取り押さえる中国人警官と，それを傍観する領事館職員をとらえた衝撃的な映像を，記憶している人も多いだろう。

　まさに，保護すべき難民の受け入れに消極的な日本政府の象徴ともいえる映像だったが，これが逆に，そうした政府の姿勢に異議を唱える世論を生むきっかけにもなる。そしてこの追い風に乗り，JARは難民申請者への法律支援や生活支援を行うなかで直面してきた様々な問題点を整理し，「現場の声」として発信。広く取り上げられるようになったのである。

　当時の事務局長である筒井志保が中心となり，各党の国会議員のもとに理解と協力を求めて奔走。その結果，自民党，民主党，公明党が，それぞれのプロジェクト・チームにおいて難民制度・政策についてまとめた方針や改善案に，JARの提言の一部が反映され，政府の発表した閣議了解にも，難民支援策が生かされた。また，難民認定制度については，法務省の専門部会がまとめた報告書の一部をもとに難民法改正案が作成され，国会審議ののち，2004年5月に成立，2005年から施行となったのである。

　ミッションの達成に向けた継続的な活動こそ，すべてのNPOの目的といっても過言ではない。JARも，財政も含めた組織の基盤を十分に固め，難民への支援の提供を継続することこそ，自らの責任と考えていた。

　そのための取り組みの一つとして，JARは2007年，ブランディングおよびマーケティングへの注力を開始。寄付をすること自体が，重要な「難民支援活動」になるということを，広く分かりやすく伝えたいという思いもあってのことだった。

　具体的にはまず，日本に逃れている難民の現状とJARの活動を，もっと多くの日本の市民に広報し，信頼できる団体として理解者・支援者を増やしていく工夫が必要と考え，ロゴをリニューアルし，寄付制度として「難民スペシャルサポーター」を新設。同時に，多様なイベントを実施した。

このブランディングは，企業からの協力によって実現したもの。ゴールドマン・サックス証券株式会社からは資金を，株式会社サーチアンドサーチ・ファロン（旧株式会社ファロン）からはデザインなど技術面での支援を得た。企業の担当者に JAR の現場を直接見てもらうことは，熱い思いだけで走りがちな活動に対し，客観的な評価を得られる絶好の機会にもなった。

　同時に，支援者ターゲットの分析や，寄付の方法の多様化（オンライン，クレジット決済），WEB 改訂等を行うことができ，積極的な PR 活動のための広報戦略を策定できたのも大きな収穫だった。

　現代表理事の中村義幸は，入国時の支援だけにとどまらず，「生きる元気をもう一度かきたてられる環境としてのコミュニティづくりも重要」とし，難民保護の総合的支援システムの構築を訴えている。そのためにもこの頃から，多様なバックグラウンドを持つ理事の採用，スタッフの増員，よりスペースの大きな事務所への移転，意思決定の迅速化のための運営体制の組織化にも着手。そして，あらゆる資金調達の方法を検討し，まだまだ不十分なスタッフの待遇改善を目指している。

図表 3　ロゴマーク

認定NPO法人　Japan Association for Refugees
難民支援協会

5. 節目 ③ 〜保護費支給打ち切り緊急キャンペーン

　2008 年，難民申請者の数が初めて 1,000 人を突破し，1,599 人にまで達した。これに伴い難民認定の審査期間が長期化し，その間，申請者の多くは就労が認められず，国民健康保険や生活保護などに加入できないなど，困窮した生活を余儀なくされた。

　こうした難民申請者に対して日本政府は，外務省を通じて「保護費（生活費 1 日 1,500 円・住居費単身月額 4 万円）」を支給してきたが，申請者の増

加によって，2009年4月，100人以上の難民申請者に対する「保護費」の支給を打ち切ったのである。

JARを含む7団体は，この事態を重く受け止め，生活費の支援のための緊急キャンペーンを実施。2009年4月末から保護費の支給要件が緩和された9月までの5カ月間，広く一般に緊急カンパを呼びかけた。

その結果，20以上の企業や団体が協賛・賛同し，また，多くの一般個人からは，寄付金のみならず多数の食料や日用品の寄付が寄せられ，緊急事態を乗り切ることができた（現金による寄付収入は40,057,485円に達した）。

これらの経験を基にJARでは，設立10周年となるこの年10月，「難民認定申請中（裁判中も含む）の生活に関する制度的な保障を行うこと」など生活上の課題から，制度，支援体制の課題を含めた改正要望をまとめた「難民認定及び支援に関する要望書」を，法務省に提出する。

同時に，政府がすべきことと市民が担う活動について，JARは支援の現場から，さまざまな提案をしていくこともまた自らの課題であると，このとき認識。次のステージへと歩を進めることを決意し，新しい取り組みにも，積極的に挑戦しはじめたのである。（この部分については第4章参照）

活動の特徴

1. 専門家による法的支援と生活支援

冒頭で触れたとおりJARの活動は，① 支援活動 ② 政策提言，調査・研究活動 ③ 広報活動，という3本柱で成り立っている。なかでも設立当時から現在まで，一貫して重要な位置を占めているのが，①の法的・生活支援活動である。

ちなみに，この分野の活動は，UNHCRとの事業実施契約によるパートナーシップのほか，難民支援や外国人相談などに関わっている他の団体や，弁護士などとの協力・協働によって実施されている。

支援活動は，大きく分けると「法的支援活動」「生活支援活動」「コミュニティ支援活動」という3つに分かれる。

① 法的支援活動

難民認定手続きや不認定とされた後の訴訟等の諸手続きがスムーズになされるように，分かりやすい情報提供や弁護士との連携の強化に努めている。

（具体例）
- 難民申請者からの迫害状況に関する聞き取り，カウンセリング
- 難民申請者への難民条約や難民申請手続きの説明
- 申請書類の作成のアドバイスや国別人権状況のリサーチ
- UNHCR，日本弁護士連合会，弁護士，関連団体との協議，連携
- 国際空港を含む入国管理局の収容施設における被収容者との面会や資料の提供

この他，弁護士との協働事業として，個別の法的支援活動で弁護士と協働するほか，難民支援のノウハウを学ぶ研修会を実施。いくつかの法律事務所からは，プロボノ事業としての協力も得ている。

また，東京周辺以外の地域に居住する難民からの相談に対し，できるだけ効果的な対応ができるよう，各地域の弁護士や団体とのネットワーク作りに注力。各地での勉強会や地域の団体との協働による相談会なども実施している。

② 生活支援活動

難民申請の結果を待っている間や訴訟中の難民に対し，「医・職・住」と教育を中心に，生活面でのあらゆる相談・支援を行っている。また，認定後も困難な生活を送る難民も支援している。

（具体例）
- 生活費支援／緊急生活支援金の支給
- 医療支援／医療機関への同行，診察の通訳，医療費の減額や分割払いの交渉，健康保険への加入支援
- 住居支援／シェルターの運営，安価な宿泊施設の紹介・開拓，不動産屋への同行
- 教育支援／日本語学習グループの紹介，義務教育課程への入学・通学支援

この他，就労支援にも力を入れている。そもそも，難民申請者急増にともない，「申請結果が出ずに長期間待たされているだけの日々を送っている。」「働きたくても許可されず，許可を持っていても，日本語力が不十分であるなどの理由から仕事を見つけられない。」といった申請者が増えている。そのため，JARでは日本語教室を運営しつつ，就労許可を持つ難民申請者のため，ハローワークへの同行および履歴書作成等といった就労支援に取り組んでいる。

　また，これまで保険の対象外とされてきた3カ月ビザを持つ難民を中心に，国民健康保険加入を推進している。他にも，医療・福祉関係者とのネットワーキングを強化したり，申請者の国民健康保険の加入に関して政府へ申し入れも行ったり，健康保険加入に関するさまざまな支援活動も行っている。

③　コミュニティ支援

　日本が難民条約に加入して30年が経ち，難民の属性も大きく変わりだしてきた。当初は単身男性がほとんどを占めていたが，最近は，母国から家族を呼び寄せたり，彼ら自身が日本で結婚したりするなどして，家族で難民と

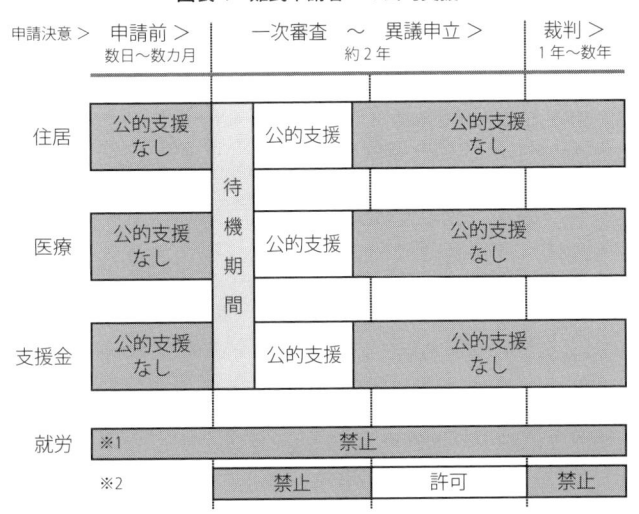

図表4　難民申請者への公的支援

	申請決意＞	申請前＞ 数日〜数カ月	一次審査　〜　異議申立＞ 約2年	裁判＞ 1年〜数年
住居		公的支援なし	公的支援／待機期間	公的支援なし
医療		公的支援なし	公的支援／待機期間	公的支援なし
支援金		公的支援なし	公的支援／待機期間	公的支援なし
就労	※1	禁止		
	※2	禁止	許可	禁止

※1　在留資格なしの場合，※2　在留資格ありの場合

いうケースも増えている。また，単身女性も増えている。同時に，高齢化，女性特有の問題，育児や教育といった子供の問題も生じてきている。

　こうした問題に対応することは，当然ながらJARだけの努力では不可能。難民同士，また彼らを取り巻く地域の人たちの手助けが大きな力になる。そこでJARでは，難民同士の支え合いを強化し，彼らが個々の能力を生かし，自立して生活していけるよう，難民コミュニティへの支援とトレーニングを行っている。

　例えば，日本に定住する難民が日本で生活していくにあたって，必要な知識，スキルを身につけることができるよう，難民コミュニティに対する日本語教室，ビジネスマナー講座などの各種ワークショップを実施。彼らのスキルアップを支援している。

経営課題と対応策

1. 多様化してきた難民のニーズに応えたい

　前述した「難民の属性変化によって生じてきた課題」等については，JARの活動のなかでも，他のNGO・NPO等関係機関との連携，政府や行政の政策提言，一般社会への広報活動への注力によって，解決に結びつく方策が見出せる。端的に言えば，ある政策を提言することで，法律の改正を実現できれば，難民が抱える課題を解決する対応を，政府や地域の行政に任せることができるからだ。

　そのため最近のJARでは，ネットワーク作り，政策提言や広報活動の比重が高まっており，具体的には下記のような活動に力を注ぐようになっている。

① 難民関係団体のネットワークの構築・活動の推進
- 日本に来ている難民および難民申請（希望）者に関係している団体の連携を模索推進し，効果的に活動を行っていく体制やネットワークを構築する
- 彼らの社会的な処遇や収容の問題などについても，外国人問題に取り

組んでいる団体との連携をはかり，情報のネットワークを構築する
② 実現可能な難民施策のモデルプランの提言
- 難民関係団体のネットワークを構築し，国内外の難民認定に関する情報の蓄積，分析を行い，日本の実状にあった難民認定手続きを推進させていくモデルプランをつくり，発信する
- 国際人権機構（国際人権メカニズム）を活用し，法務省（入国管理局）に働きかけを行う。また，地方自治体やその他各省庁（厚生労働省など）に対しても積極的に働きかけを行う
- シンポジウムや講演会，およびホームページ，ニュースレターなどを通じて，市民への難民に関する理解の促進を図る

これらの活動と合わせて，調査研究活動にも力を注ぐようになっている。その一例として，2010年7月に設立された，日本での難民専門の研究機関「難民研究フォーラム」の事務局運営が挙げられる。

同フォーラムは，多角的な視点から，国内外の難民の現状や難民政策に関する学際的な研究を行い，その成果を幅広く共有および活用し，難民保護に役立てることを目的としている。具体的には，定期的な研究会の開催や研究誌の発行に取り組むとともに，難民問題に関わる研究者，弁護士，NGO，行政，ジャーナリストなどの実務者を含む多様な人々とのネットワーク構築にも力を入れている。

2. 第三国定住難民も視野に入れた活動

2010年9月末，第三国定住が開始されたことを受け，日本国内の難民受け入れは新たなステージを迎えた。

第三国定住とは，すでに母国を逃れて難民となっているが，避難先の国では保護を受けられない人を他国（第三国）が受け入れる制度である。難民は，難民条約に加盟している第三国に移動することにより保護を受け，長期的に定住することが可能になる。

JARにおいても第三国定住が日本で実施されることを歓迎し，これを機に，国内の難民政策改善へ向けた取り組みに，なお一層力を入れていくと決

意を新たにし，日本の難民保護全体に関して，以下3つを取り組むべき重要な課題として掲げた．
① 第三国定住をめぐる議論をオープンにする．今回の受け入れは，その決定過程が，すべて政府内の議論に終始していたため，今後は，当事者である難民や支援団体など，関係者の声を反映するようにしなければならない
② 第三国定住が「試行」であるならば，その「成功」の指標を明らかにする．最終的に何を目指し，どのような状態になることが，やってくる難民と日本社会の双方にとって成功といえるのかを明確にし，今後の難民受け入れの改善につなげたい
③ 自力で日本にたどり着いた難民と第三国定住難民との間にある，公的支援の格差をなくす．第三国定住難民には，半年間の公的な支援が用意されている．現状では，自力で来た難民への支援はほとんどない．平均2年以上にわたる難民申請中は生活保護が準用されず，多くが就労を認められない．また，難民ではないが人道配慮による在留許可を得た人も，定住支援を受けられるようにしたい

こうした課題に対しJARでは毎年6月から7月にかけてジュネーブで開催される国際会議「第三国定住における三者協議」（ATCR: Annual Tripartite Consultations on Resettlement）等にも，積極的に参加．政府・国際機関・他のNGO等と，よりよい第三国定住制度について，まさに対等な立場での活発な意見交換に取り組んでいる．

2009年度の会議では，特に，政策立案から実施にいたるまで，難民の参加が必須であること，政府と自治体・NGOの積極的な協働が不可欠であること，第三国定住は自力で逃げて難民申請をする人を拒絶する代替であってはならないことなどが確認された．

第三国定住をはじめた日本において，今後JARにできることは何かを考える上で，非常に参考となる会議であり，さらには第三国定住に取り組む関係者と新たなネットワークを築くことにもつながっている．

3. 震災後の難民支援のあり方を模索

　2011 年 3 月 11 日，未曾有の震災が東日本をおそった。これをうけて JAR では，「難民と行う震災ボランティア」を結成。その第一陣が 4 月 28 日，岩手県花巻市に向けて東京を出発した。初回メンバーは，ミャンマー（ビルマ），ウガンダ，中東出身の難民 6 名と，留学生を含めたボランティア総勢 23 名だった。

　そもそもこの活動は，被災地のニーズに応えると同時に，難民の「被災地を支援したい」「日本社会に貢献したい」という思いを実現する場としてはじまったもの。石井宏明は，「難民の方々の震災に対する反応の早さには，心底驚かされた」という。

　難民自身は，今回の震災と同様，もしかしたらもっと悲惨な状況をくぐり抜けてきた人たちであるだけに，震災にあった日本の状況を目の当たりにして，とにかく何かしなければならないという衝動に駆られた。そして，日本人とか外国人とか，ましてや難民であるとかという垣根を越えて，とにかく日本のために何か手助けしたいと，声を発してくれたという。

母国での迫害から日本に逃れてきた人々（難民）のために

「これまでは我々が支援する側で，難民の方々は支援される側でした。その関係が震災以降，大きく変わったような気がする。もはや難民の方を含めた地域，国のあり方・ビジョンを，われわれは作っていかなければならないと思い知らされたのです」と石井は語る。

2010年，当時の鳩山政権が掲げた「新しい公共」の帰着点が，もしかしたらここにあるのかもしれない。こうした状況下，JARとして「やるべきこと」そして「やれること」という可能性の広がりに，石井は多少の不安と，それ以上の大きな期待を今，胸に抱いているようである。

ちなみに，「新しい公共」については，石井宏明が「市民公益税制プロジェクト・チーム」の有識者ヒアリングに参加し，NPOが活躍できるような寄付税制やNPO法人・公益法人税制などのテーマについて議論。政府への新たな取り組みに期待するとともに，JARが「新しい公共」を担う団体になるようしっかりと活動に取り組んでいくことを決意した。

また，2010年2月から6月にかけては，NPO6団体共催で，国会議員向けの難民勉強会を3回シリーズで開催し，計9名の議員と意見交換を実施。外務大臣政務官，法務大臣政務官とは，制度の改善など具体的に踏み込んだ意見を交わすことができ，今後につながる関係を築いている。

4. 専門能力と熱い動機を持つ人材の確保

設立当初から近年まで，JARを支えてきたのは弁護士や学者，社会福祉士といった専門家たちだった。法的支援には，国内の法律だけでなく国際法に精通している必要があるし，生活支援についても，日本の行政サービスに通じていること，さらには心理的なケアに関するスキルも求められる。政策提言や調査研究となれば，ロビー活動の経験や難民に関する学問的な知識や情報収集能力が欠かせないからだ。

それだけに，JARの理事には，設立から一貫してこうした専門家の名前が連なっている。しかも彼らは，単に法人の経営を担うだけでなく，JARが取り組んでいる実際の事業の実施者であり，スポークスマンであり，自身が所属する分野におけるネットワークを構築するリーダーとして，まさに口

だけでなく体を駆使するメンバーとして活躍している。

しかし，難民及び認定申請者が増加してきた昨今，理事会を中心としたこれまでの陣容だけでは，求められるニーズに十分応えられなくなっているのも，また事実。理事会メンバーと同レベル，または，それに近い能力と強い動機を持つ人材を，いかに数多く集めるかが，今の JAR の大きな課題として立ちふさがっている。

「広報活動に力を入れているのは，そうした人材に対して我々の活動を訴求し，対象となりうる人たちに，積極的な参加を促すといった目的もある」と石井宏明はいう。実際，JAR の広報物は非常に充実しており，本稿もJARのwebページおよびパンフレットに掲載されている情報を元に執筆している。

また，人材育成のための講座やイベントについても，定期的に開催している。なかでも，2001 年から実施している「難民アシスタント養成講座」は，順調に回を重ね，2010 年度までで，のべ 1,300 名を超えるまでに。特に，この講座をきっかけに，JAR のボランティアやインターンになるなど，難

図表6　講座・セミナー一覧

	タイトル	内容	対象	費用
講座	難民アシスタント養成講座・基礎編	1. 国際難民保護基準と国際的な支援活動への理解 2. 日本の難民保護の現状と実践についての理解 3. 市民社会及び NGO の役割と現状（課題と実践）の理解	難民問題に関心のある人．2日間参加できる人	12,000 円 (学生 10,000 円) 難民スペシャルサポーター (月額 3,000 円未満) 6,000 円 難民スペシャルサポーター (月額 3,000 円以上) 3,000 円
説明会	インターンによる活動説明会	JAR のインターン中心に，JAR の活動と日本の難民問題について，映像を交えながら，わかりやすく説明する。少人数の会なので，質疑応答の時間もあり。 ■配布資料 JAR 年次報告書 難民に関する過去の新聞記事クリッピング集 難民に関する最新の新聞記事　ほか	難民問題に関心のある人	1,500 円 (難民スペシャルサポーターの方は無料)
その他（シンポジウム例）	入管収容の収容代替措置を考える─外国人の収容を回避するために─	第1部　基調報告 グラント・ミッチェル氏（国際拘禁連盟：IDC 代表） 第2部　パネルディスカッション (パネリスト) グラント・ミッチェル氏（IDC 代表） ダニエル・アルカル氏（UNHCR 主席法務官） 法務省入国管理局 なんみんフォーラム（FRJ）メンバー	だれでも OK	無料・事前申込み不要

民支援に携わる人の輪も広がっており，新たな人材の開拓と育成という目的を十分達成しうる講座となっている。

　参考までに紹介すると，本講座は「基礎編」と「上級編」で成り立っている。国際法・国内法から，支援の現場における心得にいたるまで，

難民アシスタント養成講座

包括的な内容を提供する「基礎編」。モデルケースをもとに難民認定の判断や支援計画を考えるなど，参加型ワークショップを取り入れた「上級編」。講師は，支援の第一線で活躍する弁護士や実務家に加え，難民もゲストスピーカーとして参加し，自身の経験を話すという内容になっている。

　また，本講座を受講するには多少の躊躇があるという人向けの「説明会」も実施している。これは，JAR のインターン中心に，JAR の活動と日本の難民問題について，映像を交えながら，わかりやすく説明するというもの。少人数の会で，質疑応答の時間もたっぷり用意しているという。

5. スタッフが思う存分活動できる待遇の実現

　最後に，財源について。

　JAR の財政状況は別図の通りだが，2010 年度については，2011 年度に支出予定の東日本大震災関係の特定目的寄付と助成金収入を含んでいるため，例年よりその分の収入が大きくふくらんでいる。支出についても東日本大震災に対する支援活動費（「災害時プロテクション」）として，約 2,400 万円が含まれている。

　これだけの資金を JAR では，ほぼ寄付と助成金とでまかなっている。なかでも，一般寄付金が約 2,000 万円を超えている点に着目したい。これは「難民スペシャルサポーター」という月ごとの定額メニューによる寄付制度が，その根幹を担っている。

　ひと月 1,500 円（「1 日約 50 円でできる」と PR）から，ひと月 30,000 円

図表6

収入の部

科目	金額（円）	構成（%）
会費	906,000	0.5
一般寄付	21,857,953	13.0
特定目的寄付	30,729,001	18.3
現物寄付収入	1,401,339	0.8
活動収入	5,482,602	3.3
補助金収入	12,273,366	7.3
助成金収入	77,421,981	46.1
活動委託金収入	17,705,489	10.6
受取利息等	35,028	0.0
合計	167,812,759	100

支出の部

科目	金額（円）	構成（%）
相談・支援事業	32,777,521	26.8
緊急人道支援	14,423,513	11.8
コミュニティ支援	3,319,704	2.7
災害時プロテクション	24,180,081	19.7
調査・政策提言	19,457,255	15.9
交流・協力	6,274,204	5.1
広報	14,740,102	12.0
運営費	7,175,345	5.9
法人税等	131,100	0.1
合計	122,478,825	100

までというコースが用意されており，一回手続きすると，クレジットカードもしくは銀行口座から自動引き落としされる仕組み。それぞれのコースには，自身の提供する寄付によって，どのような支援が行われているかが分かるようにしてある。

例えば，1,500円なら，「難民一人の一泊の宿が手配できる」。3,000円なら，「成田空港に止め置かれている難民に面会し，難民申請手続きの相談に乗ることができる」。10,000円なら「風邪やケガによる通院1回分の医療費を支払える。（難民の多くは健康保険に加入できないため，医療費は本人全額負担となっている）」といった具合だ。

もちろん1回限りの寄付制度や，夏冬のボーナス時期における特別寄付制度も用意しているが，JARではこの定額メニューによるスペシャルサポーターの募集に力をいれている。スペシャルサポーターを確保することで，毎年一定の収入の確保が見込めるからだ。

しかし，定額コースを継続してもらうためには，団体から寄付者に対する十分なコミュニケーションが求められる。JARの充実した広報活動は，このためにも大いに役立っている。

具体的に現在は，会計報告はもちろん活動報告を子細に記した「年次報告書」，年2回のニュースレター，定期配信のメールマガジン等を発行。Webページを含めこうした発行物には，支援活動に取り組んでいるスタッフ，ボ

ランティア・ストーリーや支援を受けた難民のコメントなどの掲載にも力を入れている。

　自分が寄付したお金が，どのような活動に使われ，それがどういう成果に結びついているか。特に，生のコメントからそれが伺えることは，寄付者にとっては非常に重要なポイントとある。これを詳細かつ丁寧に行っているところに，JAR が毎年，多くの一般寄付を集めている理由がある。

　とはいえ，「すべての」といっていいほど，NPO にとって運営資金の確保は，大きな課題の一つである。もちろんそれは，JAR においても例外ではない。

　「われわれの活動は人の力によって成り立っていますので，極端な話，いかに人件費を掛けられるかで，事業の正否が決まるといっても過言ではありません」と石井は語る。特に昨今は，専門的な知識を持った常勤スタッフの待遇改善をめざしているだけに，人件費の確保は緊急かつ最重要な課題であるとのことだ。

　UNHCR からの補助金は，そもそも人件費を見込んで提供されているものなので問題はないが，民間の助成金は，人件費には使えないケースがほとんどである。そこで，民間の助成金を申請する際は，活動内容とその特徴を十分理解してもらい，人件費にも使えるよう依頼したり，例えば，「専門家謝金」といった費目を柔軟に活用するなど，申請書の記述に工夫を凝らしたりしている。

　また，先述した一般寄付を増やすことはもちろん，「難民アシスタント養成講座」のような収益事業を拡大することで，人件費として自由に使える資金の確保に努めたいと，石井は言う。「事業の拡大や今やるべき事に合わせ

図表7　難民スペシャルサポーター

ひと月 1,500 円（1 日約 50 円）のサポート	難民一人の一泊の宿が手配できる
ひと月 3,000 円（1 日約 100 円）のサポート	成田空港に止め置かれている難民に面会し，難民申請手続きの相談に乗ることができる
ひと月 5,000 円から 15,000 円のサポート	10,000 円あれば，風邪やケガによる通院1回分の医療費を支払える（難民の多くは健康保険に加入できないため，医療費は本人全額負担となっている）

て人材を増やしてきたため,一人一人の待遇を整える前に,陣容だけふくらんできてしまった,というのが現状です。そこをいかに改善していくかが,今もっとも頭を悩ましているところです」。

12. NPO法人ビジネスネットワーク・ジャパン

専門家集団によるNPO・企業・働く個人の支援

ミッション

　変動する時代，日本の社会・経済の構造，システムが大きく変化し続けている。不況により大企業はリストラが進み，コスト削減のため，また円高により，製造・開発機関をアジアなど海外に移転する企業も増えた。大企業の下請けに依存してきた中小企業の多くは極めて厳しい状況に立たされている。こうした中で革新的な企業は新たな経営環境に挑戦している。また起業意識の高まりによって各地でベンチャー企業が奮闘している。しかし成長するには難しい時代といえる。

　社会貢献活動団体は増加し多様化している。日本のNPO法人は45,000団体を超えた。NPOの目的は社会的使命（ミッション）の達成にある。普通法人の目的は利益の追求であり，企業との大いなる相違である。とはいえ団体を維持し目的を達成するためには財政基盤の確立が必要であり，そういう

図表1　ビジネスネットワーク・ジャパンのミッションと分野

ミッション 　NPO法人等の社会貢献活動団体への支援が主な活動目的です。また，ベンチャービジネスを含む企業の活動をより効率的に，そしてスムーズな事業運営ができるよう支援します。さらに個人対象としてはメンタルヘルスケアなど心理的な側面，また生活面ではファイナンシャルプランを提供するなど，社会生活を営む上でのさまざまな問題を課題として捉え，そのサポートも行います。これらの事柄により，私たちはビジネスのネットワークを広げ，経済活動の活性化を図る活動を推進します。
活動分野 　① 経済活動の活性化を図る活動 　② 保健，医療又は福祉の増進を図る活動 　③ 以上の活動を行う団体の運営又は活動に関する連絡，助言又は援助の活動

点では企業と類似している。安定した収入を得つつミッションの実現を可能にするには，それぞれの NPO ならではのビジョンと明確なスタンスが望まれる。

経緯と歴史

1. 設立の経緯

2003 年 5 月〜 8 月，明治大学・起業家ベンチャービジネス人材養成コースを受講した。これは厚生労働省大学等委託訓練によるものであった。コーディネーターの明治大学・坂本恒夫教授始め，大学教授，専門家，会社経営者等 20 名の先生方から，起業に関するノウハウやベンチャービジネスについて，ご教示いただいた。

社会人になってから昼間大学で勉強出来るのは失業したお蔭と，学生気分で 3 カ月間楽しく学習させていただいた。クラスは 20 代後半から 60 代前半と年齢幅が広く，キャリアや人生経験などまちまちで，教え合い情報交換し合えたこともラッキーであった。

このご縁を転機に，躊躇することなく，2003 年秋から NPO 法人設立のための準備を開始した。2004 年 4 月，東京都より特定非営利活動法人ビジネスネットワーク・ジャパンを認証され，5 月設立に至った。現在のメンバーは主に当時のクラスの有志で，税理士・CPA（米国公認会計士）・経営士・社会保険労務士・知財コンサルタント・ファイナンシャルプランナー・産業カウンセラー・キャリアカウンセラー・臨床心理士・建築士・福祉住環境コーディネーター・NPO コンサルタント等，専門家集団で構成されている。

図表 2　P. F. ドラッカー「非営利組織の経営」より

ミッションの三本柱
第一に問うべきは，機会は何か，ニーズは何か
第二に問うべきは，それはわれわれ向きの機会か
第三に問うべきは，心底価値を信じているか
非営利組織には，機会，卓越性，コミットメントの三本柱が不可欠である。
ミッションには，これら三つの要素を折り込まなければならない。

2. 活動の歴史

2004年5月設立後，今後の活動方針について具体的に検討し，地域である文京区の各部署に挨拶回りをした。またホームページ作成のため，内容やデザインについて検討するなど，始めの一歩という年であった。

2005年1月より文京シビックセンターでセミナー活動を開始。初めてのセミナー「確定申告（白色・青色）セミナー」は自主企画によるもので，区報に掲載し，手作りの新聞折り込みチラシを作るなどの広報をしたものの集客は少なく，友人知人に参加してもらったことを懐かしく想いだす。2005年，2006年のファイナンシャルプランナーによるセミナーは，行政と協働したことで区報に大きく掲載され，ポスターやチラシの配布などの広報力により，大勢の市民の皆さんの参加で賑わった。秋には文京区中小企業振興センター異業種交流会での講演など，文京シビックセンター一色であった。またホームページをリニューアルしたのもこの年である。

| 異業種交流会での講演 | ファイナンシャルプランセミナー | NPOリーダー対象パネルディスカッション前 |

2006年後期より年2回，明治大学リバティアカデミー講座「NPO法人の経営学」が開講され，団塊世代や退職後の方・社会人・NPO法人の方・学生の皆さんなど，NPOについて学習したいという熱心な受講生の方々が集った。この講座は一定以上の集客がないと開講できない難しさがあるが，2012年前期現在も継続し12回目を迎えることができた。

コーディネーターの明治大学・経営学部教授の坂本恒夫先生を始め，認定NPO法人日本グッド・トイ委員会理事長・東京おもちゃ美術館館長の多田千尋氏，認定NPO法人スペシャルオリンピックス日本東京理事の峰岸和弘

明治大学リバティアカデミー講座「NPO法人の経営学」講義風景

氏，NPO法人NPO事業サポートセンター理事の山根眞知子氏などの強力な講師陣が加わってくださっている。目標の10回はクリアした。今後は更なる進化と，ロングランを目指している。

この間，文京区社会福祉協議会主催NPOのリーダー向けパネルディスカッション等でNPOの支援を行う。また，2007年にはビジネスネットワーク・ジャパンのリーフレットを作成した。2009年辺りから，NPO法人を運営している団体やNPO法人立上げ予定の方たち，及び起業を目指している方々より，組織運営やビジネスプラン等に関する相談を受けるようになり，ビジネスネットワーク・ジャパンの専門家メンバーによるコンサルティングなどでサポートしている。

2009年12月1日，坂本恒夫・丹野安子編著『図解NPO経営の仕組みと実践』(税務経理協会)を刊行。この書籍はNPO法人運営者や専門家等12人の執筆によるものである。

活動の特徴

設立の経緯で述べたように，ビジネスネットワーク・ジャパン(BNJ)は専門家集団であり，その特長を活かした活動を展開している。

BNJの事業は，① セミナー・講演会活動 ② 創業支援 ③ 運営支援 ④ コンサルティング ⑤ 職場と個人のメンタルヘルスケアに大別される。①〜⑤の内容は次のとおりである。

私たちBNJのメンバーのほとんどは，それぞれ仕事を持ちながらの活動

図表 3　ビジネスネットワーク・ジャパンの事業活動

①セミナー・講演会活動	・NPO 法人の立上げと運営 ・財務，税務申告等運営について ・ライフプランの作成，マネープラン ・メンタルヘルスケアセミナー
②創業支援	・NPO 法人の立上げ支援 ・株式会社，一般財団法人，一般社団法人，LLP，LLC 等の起業支援 ・ビジネスプラン策定
③運営支援	・NPO 法人等の運営，経営，税務，財務経理，社会保険労務管理 ・助成金・補助金の申請支援 ・知的財産活用管理
④コンサルティング	・NPO 法人等の組織運営，経営方法 ・ファイナンシャルプラン（マネープラン相談） ・心理カウンセリング ・福祉住環境（バリアフリー等住環境について） 　　　　　　　　　　※メールでのコンサルティングも実施
⑤職場と個人のメンタルヘルスケア	・産業カウンセリング ・キャリアカウンセリング

で，その時間は限られていてなかなか全員集合は難しい。年1回の通常総会以外に理事会，メンタルヘルス部会・ネット部会などの部会。また忘年会・新年会・暑気払いなどを企画してメンバーを集め，楽しくリラックスモードで飲食しながら意見交換を行っている。得てしてこういうときに，よいアイデアが生まれることが多い。最近ではメーリングリストで会員相互間のコミュニケーションを図っている。

図表 4　ビジネスネットワーク・ジャパンの特徴

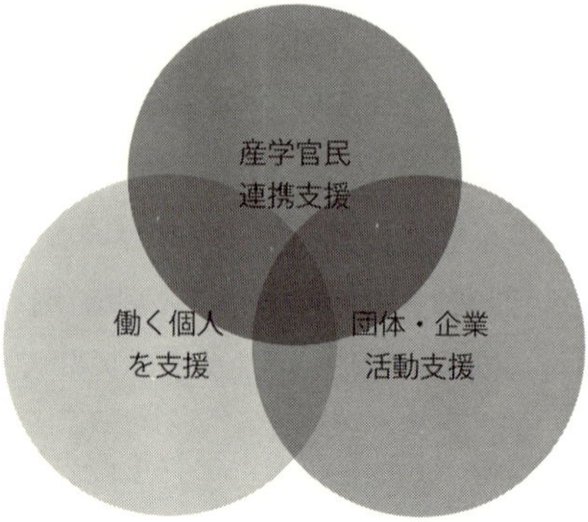

（産学官民連携支援／働く個人を支援／団体・企業活動支援）

上記図表3の①〜⑤の活動の際は，担当する専門家会員とバックアップする他の数人の会員の日程さえ合えば実行できるので，活動に支障をきたすことはない。またメンバーは主に専門職の経営者やフリーランスで自由度が高く，スケジュール調整をすればウイークデイでも活動できるという利点がある。

経営課題

　会費や寄付金を増やすために会員の増員及び寄付者を募るNPOもあり，補助金・助成金を得ながら活動する団体もあり。ソーシャルビジネスを推進し社会貢献をしつつ企業と同様の収入を得ているNPOもあり，行政等の委託事業に力を入れているNPOもありと，その経営方法は様々である。どのような形で安定した収入を確保するかは，その団体のミッションとビジョンに依る。

　BNJは現状職員への支給はなく，有償の講師料（受講者@ 3,000円程度）及びコンサルタント料等は，会場費などの実費以外はほとんど活動した会員各自の収入となる。母体は会費と多少の寄付金で成り立っている。またセミナー中心であるため，会場は大学であったり区の会議室であったりで，会場代は無料または若干の費用がかかるのみである。ただ自主企画によるセミナー開催の場合は，集客のための広報にはある程度の費用が必要である。したがって現在は毎年多少の黒字決算で，経営に関して問題は生じていない。

　設立して8年目に入った今，この辺りで規模の拡大をと考え始めている。仲間うちでスタートしたBNJであり会員を増やす努力はしていなかった。しかし活動を活発にするためには新会員の入会は必要で，それが従来のメンバーのモチベーションを高めることにもなる。古参のメンバーと新参のメンバーとの軋轢が生じないよう配慮するのは責任者である理事長の務めと考える。

　拡大して人が増えれば事務量も増え職員の支給が必要になる。それには収入を増やさなければならないなど課題は多い。活動を活性化するため，多

少でもイノベーションの導入を実践してきたつもりのBNJではあるが，もう一歩前進する必要があるようだ。現在，netでの広報を活発にするため，blogを加えるなどホームページのリニューアルやSNS（ソーシャル・ネットワーキング・サービス）の参加を始めている。これからも一歩一歩前進するBNJであるが，そろそろアクセルを踏む時期が来たようである。

コラム　改正NPO法で前進！

　2011年6月15日に参議院本会議で特定非営利活動促進法（NPO法）の一部を改正する法律が可決・成立しました。6月22日に公布され，2012年4月から施行。また同日，衆議院財務金融委員会で税制改正法案が可決され，認定NPO法人等への寄付金に対する税額控除の導入など税制優遇拡充についても前進しました。主な内容は以下のとおりです。
① 　NPO法人の活動分野に「観光の振興を図る活動」「農山漁村及び中山間地域の振興を図る活動」「都道府県又は政令市の条例で定める活動」の3分野が追加され，東日本大震災においてボランティア活動などに取り組んでいるNPOの後押しになると期待されます。
② 　従来は1つの都道府県のみに事務所がある場合は都道府県が所轄庁，2つ以上の都道府県に事務所がある場合には内閣府が所轄庁でしたが，内閣府を廃止し，2つ以上の都道府県に事務所がある場合は都道府県または政令都市に変更になり，設立等の手続がしやすくなりました。
③ 　認証制度の柔軟化・簡素化により，社員の全員が書面又は電磁的記録により同意の意思表示をしたときは社員総会の決議があったものとみなす。定款変更の際に所轄庁への届出のみで認められるものが拡大し，社員総会や定款変更が簡略化されます。
④ 　信頼性向上のための措置として，設立の認証後6月を経過する前に設立登記をしなければならない。NPO法人が作成すべき会計基準のうち「収支計算書」を「活動計算書」に改める。また情報開示を充実させるため，社員その他利害関係者から事業報告書等の閲覧の請求があった場合には，主たる事務所に加え従たる事務所でも閲覧をさせなくてはなら

ない。「活動計算書」に変更することにより，寄付者を始め利害関係者はより内容を理解しやすくなります。

　また，事業型のNPO法人がクリアできない，計算が難しい，目標にならないなど問題点が多かった寄付金優遇税制の対象となる認定NPO法人の認定要件であるパブリックサポートテスト（PST）が緩和されました。所轄庁も国税庁から都道府県・政令指定都市に変更されることなどによって，2012年7月16日現在267法人（NPO法人45,000団体超のうち）が大幅に増え，欧米に遅れをとっている日本の寄付文化は，これで前進するのではと思われます。概略は，従来のPSTの「事業収入のうち寄付金が1/5以上」という認定基準を緩和し，「3千円以上の寄付をした人が100人以上」という条例が加わりました。また個人が認定NPO法人に寄付をした金額のうち2,000円を超えた分について40％を所得税から又は所得控除，10％を住民税から減額することになりました。

　NPO法が成立して14年経ち，NPO法人は45,000団体を超えました。NPOの普及啓発活動にも力を入れている私たちBNJにとって，今後ますます社会に貢献するNPOが増えることと期待してやみません。

13. 日本中小企業・ベンチャー　ビジネスコンソーシアム

中小企業の経営改革とベンチャービジネスの起業支援を通じて雇用を拡大する

ミッションは何か

① 中小企業の経営改革，ベンチャービジネスの起業支援
② 経営改革，起業支援を通じての雇用拡大

　いま，社会には失業とか，派遣切りという言葉が溢れている。これは，英米では1985年頃から，日本では1995年頃から，企業社会で一般化した「株主価値経営」の結果としてもたらされたものである。

　株主価値経営は株主への投資リターンを最大化するために株価を引き上げようとする。株価上昇を基本的に実現するためには，利益率を引き上げることが必要であるが，利益率を引き上げるためにはコストを削減しなければならない。コストには，仕入れコスト，人件費などの営業上の経費など様々であるが，こうしたコストを日常的に削らねばならない。そうしなければ利益率を押し上げることはできないのである。

　利益率引き上げのためにもっともターゲットにされるのが，人件費の削減である。人件費を節約するために，まず過剰な雇用者が整理される。次に，正規従業員を非正規化することによってコストが見直される。これは固定費の変動費化と呼ばれる。さらにロボットや情報機器など生産現場やオフィスでの合理化が展開される。こうしてヒトは整理され，淘汰され，そして排除されたのである。

　こうした状況の中で，雇用を創出し拡大していくためには，大企業に雇用

の拡大を求めることはできない。中小企業の成長，ベンチャービジネスの起業に雇用の機会を求めざるを得ないのである。

われわれ日本・中小企業・ベンチャービジネスコンソーシアムは，中小企業の経営改革とベンチャービジネスの起業支援を通じて雇用を拡大するために，様々な施策を展開している。

図表1　日本　中小企業・ベンチャー　ビジネスコンソーシアムの概要

名称	日本　中小企業・ベンチャー　ビジネスコンソーシアム
設立	2000年4月
会員数	150名の個人会員，10の法人会員
理事会	会長　1名 副会長　5名 理事　10名 幹事　5名
組織	総会　年1度 理事会　年4回 正副会長会議　年1回 事務局　明治大学坂本研究室

設立経緯

本NPOの設立は，2000年4月である。創立者の坂本恒夫が在外研究でイギリスの生活を体験した中で生まれた。

目的は①中小企業の経営改革支援，②ベンチャービジネスの起業・成長支援，③大学生の就職・キャリア形成支援（2005年追加）である。

大企業の株主価値経営の下では，コスト削減のために多くの従業員がコストとして「排出」されるが，それを中小企業の経営改革とベンチャーの起業・成長支援で，雇用を創出していこうというものである。2005年には大学生の就職を支援する活動も目的に加えた。

本コンソーシアムの活動は，年1回の年次大会，年3回の部会，年1回の海外を含む地方部会において，研修会や講演会が行われる。また，これらの研修内容や講演内容を著した年報が刊行されている。

講演内容でコンソーシアムの目的に適ったものに，研究部門，実践部門に区分してコンソーシアム賞が授与される。また，2008年には『ベンチャー

ビジネスハンドブック』の図書出版が行われた。

会員は個人会員が150名，法人会員が10社である。代表は伊藤忠治，事務局は明治大学の坂本恒夫研究室である。広報はホームページ，リーフレットなどである。

業務としては，厚生労働省委託訓練や八王子市市民大学講座などを行っている。

年会費は個人が1万円，法人が3万円である。年次大会や部会での講師料は無料でボランティアである。

図表2　中小企業・ベンチャー　ビジネスコンソーシアムの歴史

年度	活動内容
2000	4月設立，設立大会，部会
2001	第1回年次大会
2002	第2回年次大会，「年報　中小企業ベンチャービジネスコンソーシアム」創刊号刊行
2003	第3回年次大会
2004	第4回年次大会
2005	第5回年次大会，諏訪部会の開催
2006	第1回つくば部会の開催，第6回年次大会，第2回つくば部会の開催
2007	第7回年次大会，仙台部会の開催，第3回つくば部会の開催
2008	第8回年次大会，中小企業資金調達研究会および中小企業M&A研究会発足，札幌部会の開催
2009	第9回年次大会，NPO研究部会発足，青森部会の開催
2010	第10回記念年次大会，中国部会の開催，労務・人事部会発足
2011	第11回年次大会，大分部会の開催，法務部会発足
2012	第12回年次大会

活動の特徴―研究部会と地方部会―

中小企業・ベンチャー　ビジネスコンソーシアムの組織は，約150名の個人会員と10の法人会員から成り立っている。また，約50人の予備会員が正規会員になるかどうか参加の決断を前に待機している。

理事会は，会長1名，副会長5名，10名の理事によって構成されている。いずれの役員も無給である。

事務局は，担当の副会長の下に10名の幹事で構成されています。やはり無給です。

1回の年次大会と3回の部会においては，アルバイトが2名程度雇用され

ますが，時給1,000円程度で5時間から8時間の勤務です。

　運営方針は，会長・副会長会議で原案が作成され，理事会で決定される。役員人事，事業計画，予算・決算などの主要事項は総会の承認が必要である。

　中小企業・ベンチャー　ビジネスコンソーシアムの組織上の特徴は，研究部会が設けられていることである。

　中小企業部会，ベンチャービジネス部会，NPO部会，労務・人事部会がこれまで設置され，所期の目的を達成すると解散する。

　中小企業部会は20名程度のメンバーで構成され，中小企業の経営改革の方策を調査・研究することを基本としながら，明治大学のリバティーアカデミィーで講座を開設したり図書を刊行したりして，本コンソーシアムの目的を遂行している。

　ベンチャービジネス部会は，やはり20名程度のメンバーで構成され，ベンチャービジネスの起業・成長支援の方策を調査・研究を行っている。そして明治大学のリバティーアカデミィーや八王子の市民大学で講座を開設したり，さらに図書を刊行したりして，本コンソーシアムの目的を遂行する。

　上記の二つは現在，当初の目的を達成して解散していますが，NPO部会は最も活発に活動を展開している。本部会は15名程度のメンバーで構成され，NPOの意義，その理解，活動のあり方などを研究しながら，その普及に努めている。明治大学でのリバティーアカデミィーでの講座の継続，2冊目の図書刊行を目指して活動中である。

　労務・人事部会は，社会保険労務士のメンバー10人で構成され，若者の就職支援が活動の中心である。就職活動中の若者へのインタビューをとおして，何が支援できるか模索中である。

　中小企業・ベンチャー　ビジネスコンソーシアムの組織上の特徴の第2は，地方部会が設けられていることである。

　地方部会は，東京中心の活動の限界を克服するため，これまで札幌，青森，仙台，つくば，諏訪などで開催された。本年は大分で開催された。

　地方部会では，まずそれぞれの地域で活躍している中小企業，ベンチャー

ビジネスの経営者が自らの事業活動を紹介している。われわれはその中で，地方の抱えている課題や問題点を認識する。また，関東のメンバーも報告し，お互いに情報交換を行っている。

昨年は初めて，北京・上海で開催しました。中国での経済・経営の一般情報を得ると同時に，中国の中小企業やベンチャービジネス，日系企業，銀行の駐在員事務所などで調査を行った。

その中国での海外活動を契機に，「中小企業・ベンチャー ビジネスコンソーシアム」は「日本中小企業・ベンチャー ビジネスコンソーシアム」に名称を変更しました。

図表3 日本中小企業・ベンチャー ビジネスコンソーシアムの特徴

（2012年4月14日現在）

研究部会	地方部会
1. 中小企業研究部会	1. 諏訪部会
2. ベンチャービジネス研究部会	2. つくば部会
3. NPO研究部会	3. 仙台・青森・札幌
4. 人事・労務研究部会	4. 中国，北京・上海部会
5. 経営法務研究部会	5. 大分部会
6. 税理士部会	6. ハワイ，ホノルル（中止）
7. 地域振興部会	7. 大阪（予定）

活動の課題

本コンソーシアムのミッションは①中小企業の経営改革，ベンチャービジネスの起業支援および②経営改革，起業支援を通じての雇用拡大であるが，時代の変化と経済情勢によって，中小企業やベンチャービジネスの経済的役割が変化していることを充分に把握しておかねばならない。

中小企業は，第2次大戦後から1990年頃までかつて大企業を経営的に支える系列・下請け的存在であった。しかし株主価値経営が支配的になると中小企業は，大企業から相対的に自立して第2創業と呼ばれるように近代的なスモールビジネスに進化してきた。そしてベンチャービジネスの利点であった株主価値経営を内在化させ経営改革を推進して企業価値の向上を目指すようになったわけである。2008年の金融危機以降は，さらに経済の情報化を

経営に取り入れてバーチャル取引を中心に情報発信的なマーケティングを展開すると同時に，異業種との連携・融合を踏まえた先端技術的製品開発によって，アジアでの経済成長と地域振興も巻き込みながらさらなる進化を遂げている。

　こうした状況を考えると，本コンソーシアムの第1の課題は上記の各研究部会での活動を活発化・高度化させ，いっそうきめ細やかな調査と施策を講じていかなくてはならないということである。

　第2の課題は，NPOとの関わりである。1990年以降，日本では急速にNPOの起ち上げ・活動の積極化が見られる。特に2011年3月の東日本大震災以降はこうした自立的なNPO活動が目立つようになってきた。これは単にNPO活動が株主価値経営の排除の論理から生まれたものではなく，もう少し深刻な危機意識から生まれたもののように思われる。「行政には任しておけない」とか「コミュニティーの崩壊をこれ以上放置しておくわけにはいかない」とかいう危機感かもしれない。また経済的理由だけではなく自立的・自発的な行動から多くの人が，底知れぬ快感・喜びを感じたからかもしれない。さらに欧米で蔓延・拡大する行政依存が財政の肥大化を生み，社会の崩壊に繋がるという危機感かもしれない。いずれにしても非政府的・非行政的動きは，少子化・高齢化の中でいっそう進展するように思われる。したがってNPO研究部会はこうした事態を踏まえて，さらなる調査・研究を深めていかねばならない。

　第3の課題は，制度や手続きの調査・研究である。中小企業やベンチャービジネスの国際化，グローバル・シフトが進展していく中で，地域間・国家間の制度・手続きの違いから，様々な問題が顕在化している。人事，経営法務，税理士部会は，こうした事情に鑑みアジアでの制度・手続きの比較研究・調査を進めていかねばならない。海外部会においては，こうした観点からの講演・研修・企業訪問などが企画・実行されることが期待される。

　第4の課題は地域振興である。東日本大震災以降，投資形態は高度集中型投資から地域分散型投資へと移行している。こうしたことから，いよいよ地方の時代が到来すると言われている。しかしこのことは，違った観点から見

れば，地域間競争が激化することを示唆している。地域振興が自立したかたちで，また地域の人々が健全なかたちで生活できるように，われわれは支援していかねばならない。

地域の振興が，① 食糧の安全・安心を提供すること，② CO_2 の排出を抑制する自然エネルギーの活用に繋がること，③ 地産・地消を通じて地域の永続的発展をもたらすものになること，④ 地域の多くの人々が参加して意識を共有できるものであること，⑤ 地域の経済・経営活動を情報発信して，より都市や他の地域の多くの人と問題を共有できるものにすること，などが実現されねばならない。

地域振興部会はこのような課題を背負っているということを認識する必要がある。

第5の課題は雇用問題である。本コンソーシアムの究極の課題は雇用の拡大・失業の解消である。中小企業とベンチャービジネスの成長・拡大によって雇用が拡大すればいいが，それが不可能な場合でも雇用情報を適切に流すことによって，会員，学生そして非会員の一人でも多くの雇用，そして職業訓練などの機会の提供，雇用情報を示さなければならない。これには様々な方法があるが，本コンソーシアムが可能な出来る範囲の方法を検討しなければならない。

例えば雇用のミスマッチから解消することも可能である。明治大学の学生の多くは大企業への就職を希望している。しかし社会保険労務士の方は中小・零細企業の求人情報を持っている。この場合，雇用・求人のマッチングは成功しない。しかし明治大学の学生の中にも，中小企業で自分の能力を開花させたいと思っている学生もいる。この場合，学生が情報を適切に把握していることが重要である。こうしたシステム作りを行っていくことが必要なのである。

ハローワークとは違う，このようなきめの細かいシステム作りも，本コンソーシアムの課題である。

補章 1. NPO 法人クリオネ

調理実習をとおしての食育を考えよう

はじめに

　私は，平成 21 年下期より明治大学ビジネスプログラムの「NPO 法人の会計と税務」を講義させていただいておりました。NPO 法人については会計税務分野のみで，それはあくまで活動の一部であり，本来の活動につき真近で見る機会はありませんでした。今回この出版にあたり，NPO 法人の活動取材と後段のインタビューをさせていただきました。NPO 法人の実際と課題についてご報告させていただきます。「NPO 法人クリオネ」石垣幸子代表はじめ関係者に御礼申し上げます。

取材記事

　午前 9 時 30 分ころ石神井公園区民交流センターにつき，講習会会場を探しました。案内に従い受付に行きますと，なにやら 1～2 歳の幼児の泣き声が響いていました。受付には五・六十代の主婦が子供たちを必死にあやしていました。石垣代表とは面識があるので，石垣代表を探しながら，このご婦人達は「だれなんだろう？」と疑問になりましたが，ともかく NPO 法人クリオネのメンバーにご挨拶をしなければとうろうろしておりました。後でわかったのですが，この年配のご婦人方も別の NPO 法人の方でした。実は子供さんたちは，お母さん方が食育の講義と調理実習している間，このご婦人方に保育（託児）しもらうシステムとなっておりました。このような方法により，お母さん達は安心して講習を受けられるという工夫です。

> 第6回　NPO法人　クリオネ
>
> **ままときっずのファミリーキッチン**
>
> 保育付
> 　離乳食が終わった後の幼児食の教室です。
> 　大人の食事から，幼児食への提案です！
> 　簡単な調理実習・試食あります
> 　終了後，希望者は管理栄養士との個別相談ができます
> 　3回制，今回のみの参加OKです。
>
> ☆　日時　　　　　平成22年12月11日　午前9時45分～11時15分
> ☆　場所　　　　　石神井公園区民交流センターピアレス2階調理室
> ☆　ご利用対象者　幼児の保護者
> ☆　募集人数　　　15名
> ☆　参加費　　　　500円
> ☆　メニュー　　　レンジでホワイトソース
> 　　　　　　　　　ホットパイ
> 　　　　　　　　　オリジナルクリスマスクッキー
> ☆　保育　　　　　1歳から2歳児
> 　　　　　　　　　講座の15分前におこしください
> 　　　　　　　　　調理室へはお母様のみ，お子さまは保育を行います
> ☆　持ち物　　　　エプロン・手拭きタオル・保育中お子様に必要なもの

　講座は午前9時45分からとなっておりましたが，遅れてお見えになった方がいて午前10時より開始となりました。石垣代表がご挨拶のあと開口一番におっしゃられたことが「お子さんと少しの時間はなれますが，その時間を大切にしてください。今，皆さんのお子さんたちは自由に動き回ります。少しも云う事をききませんが，それが当り前です。自由に行きたいところに行きたがります。それが自然です。ですから，ストレスを感じることもあります。あとで，一緒においしいものをたべられますから」意外な一言に驚きながら，なるほどと納得しました。

　その後は調理実習となりました。簡単なクッキーの作り方や，簡単にできるホワイト・ソースの作り方。野菜嫌いの子も食べるキャロット・ライスの

作り方など，約30分ほどで調理実習は終了しましたが，実習中は，講師の石垣さんの説明に驚いたり，感心したり，ホワイト・ソースの作り方では，自分の失敗談も含めて作り方のコツについて質問したり，和気あいあいと時間が過ぎていきました。この光景をみながら，昔は，嫁姑とで一緒に料理することにより，

食育講義風景

お姑さんから家事のコツを教えてもらうという「知恵」が無くなってしまいましたが，ここでは，嫁姑という関係ではなく，主婦・母親としての先輩が後輩の若いママ達に「知恵」を授け，若いママたちの悩み，不安も解消されていくように見えました。

　調理終了後には，保育された子供たちを連れてきて，一緒に試食しました。料理教室ですから小さな子供用のサークル付の椅子はないので，子供たちはお母さんの膝の上に抱っこされて，お母さんたちが作ってくれた料理を食べていました。お母さんの表情も受講中の真剣な顔つきから，温和な暖かい，いつものママにもどり，おいしくほおばっている子供たちととっても幸せな雰囲気に浸らせていただきました。

　試食も終わり，帰り仕度をしている中，石垣代表はお土産を一人一人に渡していました。料理のレシピとともに大切にしまい，めいめいご挨拶して帰って行きました。ここからが大変です。石垣代表とスタッフ2名の計三人で，後片付けです。後片付けの時間は10分しかありません。いつものとおりの段取りで手早く片づけ始めましたがそれでも戦争のようです。椅子の片付けを思わずお手伝いさせていただきましたが，後は何をしてよいか戸惑うばかりでかえってお邪魔なようなので，調理室からはすごすご退散してしまいました。

調理実習をとおしての食育を考えよう ｜ 155

〈平成23年6月7日　明治大学ビジネスプログラム〉
　NPO法人の経営講義内インタビューより

須田　まず，ミッションということで，活動方針ということですけれど別紙（後述：設立の経緯参照）を見ながらご説明いただけたらと思ってます。

石垣　活動方針は『おいしく食べて健康に』です。難しいことではなく，出来るところから，生活者としての目線でのサポートです。取材は幼児食の講座ですが，幼児から高齢者までの世代の方を対象にしています。幼児と高齢者の事業が多く，働き盛りの世代対象が少なめです。

須田　そうですか。別紙の中でいいますと『ママとキッズ』が今言った幼児ですよね？

石垣　はい，上から2つが母子事業です「ここちよくエクササイズ」は運動と食育と組み合わせています。

須田　親子でといった感じですね。

石垣　お母様対象です。

須田　お母様が対象なのですね。

石垣　『若さをたもつ栄養教室』は，高齢者対象で区委託事業です。同じく『食のホットサロン』は閉じこもり予防もかねた昼食会への出前講座で，現在10か所ぐらいあります。その時々の話題，栄養・健康のミニ講座です。成人対象は，地域のNPOとの共催で『運動と食事』という2日間の講座があり，食事の講義をしております，昨年まで3年続いています。

須田　はい，わかりました。年間でなされている活動ですけども時期的なものとかございますか？

石垣　年間計画でおこなっています。ただ季節の偏りはあります。

須田　取材記事の中にもあったのですが，他のNPO法人とのコラボというか一緒に活動されているのが結構あるなと思ったのですが，「ママとキッズ」の場合が確か子守というと変だけど他のNPO法人さんですよね。これにはお名前ないのかな？

石垣　チラシのスペースの関係で書けなかったのですが，お名前はNPO法人（保育サービスぽてと）さんです。区の子供支援センターの業務受託や

学童保育・一時保育などの事業をされています。10年以上の歴史をお持ちです。今回のような単発のイベントなど受けてくださいます。ある会合で理事さんと知り合いになりまして，ここ2～3年お願いしています。毎回スタッフは変わりますが，責任のある保育をしてくださいます。

須田　変な話なのですけど，NPO法人のコラボって費用とかそういうところはいかがですか？

石垣　民間の会社とくらべると安いです。保育の場合0歳児は，保育者が1人でみられるのは1人です。同じ地域ということで，交通費のお支払はしていません。民間の会社に比べて，時間の設定など柔軟に対応してくださっています。お互いの顔が見える関係です，急な人数の増減などにも対応していただけるのでうちは助かっています。

須田　そうですか。一つの方法として，NPO法人が独自というか自前のスタッフでおこなうのと，どっちがよろしいのですか？

石垣　保育は結構リスクが高いです。やはり慣れたところにお願いしたほうがよいと思います。行事保険は，毎回加入していますが，それ以外に団体として，保育の保険に加入されています。幼児の場合には保育者を，1歳代だと2人につき1人つけないといけませんので，自前ですとかなりの人数が必要になります。営利ではないのですが大変です。

須田　もともとNPOはそういう意味でいくと非営利なのですけど，それでもコスト的には自前で全部やるよりも逆にそういうところとやられたほうが・・・・

石垣　そうですね，餅は餅屋と言いますが自分の得意なところは自分達で，コラボという形にできると助かることも多いです。全部自前というのも確かによいのですが，ある程度頼めるところは頼んでしまったほうがいい場合もあるのではないかと思います。

須田　練馬区でのNPO法人のつながりというかネットというのはどんな感じですか？

石垣　区のNPO支援センターがあります。相談・研修・ホームページなどが4つの団体に委託されています。（保育サービスぽてと）さんと知り

合ったのも区の勉強会がご縁です。うちはこういうことをしているのですが，ちょっと助けてもらえませんかという話をしました。ネットワークですね。

須田　他に助産師，あとはスポーツクラブホワイエ上石神井，これも同じような形ですか？

石垣　スポーツクラブは行政の方からの紹介です。

須田　助産師の方は？

石垣　こちらの方は（ままとキッズ）に助産師会のスタッフの方が参加されました。助産師会では産後のママのケアの教室があり，子育ての講座を行われています，その中で離乳食の質問も多くあり，専門の団体に頼んではと受講者からの提案があって始めました。

須田　そうですか。受講者からの。おもしろいですね。

石垣　色々なご縁があると思いました・・・・。

設立と経緯

クリオネは，平成19年夏練馬区を活動拠点に設立されたNPOです。

はやいもので今期が4年目になります。

会員は10名　管理栄養士・看護師・健康運動指導士等　資格をもった会員が多く中でも管理栄養士が多い団体です。私たちは，人の健康は運動・栄養・休養の3つのバランスがとれた状態だと思っています。食を通じて地域への貢献がミッションです。

「おいしく食べて健康に！」をキャッチフレーズに，赤ちゃんから長寿世代までの健康応援団をめざしています。

また同じ地域にすむ生活者としての目線を大切にしていきたいと考えています。

結成1年目（平成19年）は準備期間，2年目（平成20年）より活動を開始しました。

クリオネの活動内容は，

「ままときっずのファミリーキッチン」	年3回シリーズで実施　2年連続 対象　幼児の母　料理実習をとりいれた食育の教室
「今時の離乳食」	対象　乳児の保護者　初めての離乳食をサポート 年　2回実施　昨年休み
「ここちよくエクササイズ」	対象　幼児の母　運動実技と食育の講座 年　2回実施　2年連続
「離乳食相談」	対象　子育て世代　NPO練馬助産師会とのコラボ 年　3回の予定（昨年度より）
「若さをたもつ栄養教室」	対象高齢者　予防講座 年　24回　3教室（昨年度より）　練馬区委託事業
「食のほっとサロン」ミニ講座	対象高齢者　介護予防 要請時　昨年10回（昨年度より）　練馬区委託事業
「運動と食事」講話	対象　成人 NPOスポーツクラブホワイエ上石神井とのコラボ 年1回　3年連続

〜6月7日インタビュー続き〜

須田　続きまして，NPO設立について，お尋ねしたいのですけど，こちらにあるように栄養士中心だと思いますが，設立の経緯は？　何がきっかけか？　などよろしければお話いただければと思います。

石垣　私たちの仲間は地元で栄養相談などをしております。行政の立場での仕事です。公的なところを利用できる方はいいのですが，各世代を通じてどこに相談すればいいのかわからない方が結構いらっしゃいます。介護保険事業がはじまったとき，重度のかた・声をあげられる方は支援が手に入ります。自宅で頑張っておられて手続きをされないとどこからも援助がきません。介護保険料だけ払っていて・・・。介護保険はデイケアなどのサービスや医師からの依頼がなければ，栄養相談への給付はありませんが気軽に栄養相談などができる場をもちたい，高齢者や在宅の介護をされている家族への支援ができる力をつけていきたいと考えました。

組織の特徴

〜インタビューの続きより〜

須田　会員今10名とのことですが，構成は。栄養士が一番多いですね。

調理実習中

石垣　管理栄養士が一番多いです，6名います。

須田　栄養士さんが一番多くて6名。

石垣　看護師2名と健康運動指導士が1名，ホームヘルパー・介護食士もおります。このメンバーであれば健康教育が行えます。活動を維持していくためには人と経費が必要です。営利法人ではありませんが，団体の維持のために健全な金銭感覚が必要だと思います。「若さを保つ栄養教室」は介護保険の特定高齢者，介護保険が適応されていない段階の方をケアするための講座です。この講座はクリオネの活動資金です。この講座は専門性が必要ですので世間並みに近い金額で謝礼をお払いし運営しております。

須田　これが委託事業ですね。

石垣　そうです。

須田　委託事業の関係かもしれませんが，NPO法人にした，その法人にした理由をお聞かせください。

石垣　行政から委託をうけるための必要条件が，法人格です。一番ゆるい法人格がNPO法人，法人格があるなしで，信用度がかなり違ってきます。「NPO法人」でまずやってみようかと考えました。

須田　NPO法人はいろいろな形のスタイルがありますが，逆に言うと会員の方が専門家ばかりですよね。でもNPO法人の中には一般の方達（専門家ではなくて）だけではなく，協賛者（サポーター）などが参加しているNPO法人もありますが，そういうスタイルは考えていないのですか？

石垣　もう少し落ち着いてきましたら考えていきたいと思っております。ボランティアさんが増えれば活動の幅がひろがっていくのではと考えています。立ち上げ時，ゼロからのスタートでしたので募集などの余裕がありませんでした。母子保健とのかかわりが多かったので（ままときっずのファ

ミリィーキッチン）に取り組みました。赤ちゃんではないけれど幼児でもない1歳から2歳児のお母様はたいへんです。援助の手は0歳児ほど多くなく，子供は活動的で言葉での理解はまだできません。短時間ですが，先輩のママからこういうこともありますよとメッセージを送ったのがこの講座です。保育付の料理教室や離乳食の実習は少ないので企画し，1年に3回行っています。

須田　あともう一つ，NPO法人の会員の10名の方なのですがこの方たちを集められたのは，管理栄養士の組合でのつながりから10名を集められたのでしょうか？

石垣　思いを一つにしてくださる方でないと，NPO法人の場合はうまくいかないのではないでしょうか？　誰かにおんぶでもいけないし，一人だけが飛びぬけていても団体として成立いたしません。ミッションに協賛してくださる方を集めました。専門職ですので対価の支払いは必要なのですが，本当に仕事をしたい世代の方にはちょっとものたりない金額なので，そのあたりでかなり人選はいたしました。気持ちで来て下さいとお願いしました。非営利といいましても団体毎に事情が異なります。

経営課題

須田　なるほど。そういうことなのですね。わかりました。これで4年目ということでこれからも活動されていくと思いますが，今どんなことで悩んでいるか，あるいは将来こんなことを考えていてそのためにはこんなことが問題だということがあればお聞かせください。

石垣　やはりもう少し人数を増やして色々なことを分けてやりたいと思います。高齢者の事業に向いている方，赤ちゃんや働き盛りの世代のサポートのできる方と，得意不得意もありますので，もう少し会員を増やしたいです，自前の事務所が欲しいなと思っております。

須田　今現在石垣さんのところで全部やってらっしゃいますね。私が見ていて大変だと思いましたが。どこのNPO法人もたぶん代表の方は大変だろ

うと思いますが，そうなのですね。

石垣　はい，やはり負担はあります。負担を軽減するために事務所などを整備する方法もあります。ただ事務所を維持するために仕事を増やす事が必要になります，本末転倒にもなるのではと思いました。経済力がつくまで，私たちの目的にあった活動が長くつづけられるように，最初からあまり無理をしない方がよいのかなと思っております。

須田　講座，事業はこのような形（前掲）なのですが，将来的にここの部分をもう少し増やしたいなどの希望はありますか？

石垣　成人対象に　食事相談などを行いたいです。そのための場所が必要です。助成金の活用で地元に高齢者だけでなく子育て世代や色々な世代がちょっと何かのときに寄れるようなサロンをつくるのも可能なのですが，助成金に縛られてしまうということもあります。

須田　前にお話を伺った時に色々な講座・事業を募集しますが，来て頂くための広報活動が大変だとのことでしたが。その辺のお話を。

石垣　広報活動は大変です，講座は行政の区報とか市町村報で広報を行います。公共施設にチラシをおいていただけると助かるのですが，区の場合無料の場合のみ可能です。たとえ何百円であってもダメです。公共の場を借りた場合にも営利活動ではないのですが制限が，かなり縛りがあります。区報の市民のページがありましてこういう講座をやりますと掲載されますと次回は8カ月後になります。8カ月待っているのは・・・ちょっときついですね。

須田　8カ月待っていると全部の活動を紹介も出来ないですね。

石垣　行政関係の講座を受託しますと，区報の違う枠に載ります。そのための事業を考えたりしています。新しい団体の場合は，何回か見たことがある聞いたことがあると言われるまでは大変です。チラ

親子で試食

シを置いてもらえる所を見つけたり，貼っていただけるところにお願いしたりしています。ホームページ・インターネットも利用しています。名前を知ってもらえるまでが大変でした。

須田　わかります。

石垣　手探りで色々なことを体験しました。公共的な手助けもあったのですが，後で気がつきました。

須田　例えばどんなことがあったのですか？

石垣　NPO法人設立準備などの相談機関があって相談が無料で受けられる，新規立ち上げ時の事務・器機費の補助が2年間もらえることなど知りませんでした。

須田　助成金の話ですね。区や公共的な。

石垣　助成金の知識があれば立ち上げは楽になります。私は，活用されたほうがいいと思います。私は行政はわかりにくいです。縦割りでこのお金はあっちから出て，講座の活動のお金は・・・

須田　そのたびに申請書いたりするでしょ。

石垣　申請書が必要です。最初は申請書の言葉がわからなくて。

須田　用語難しいですね。

石垣　それでも何とかやっておりますので，皆様大丈夫だと思います。申請書に対しては素人でしたから。

須田　ありがとうございます。だいたいこれで30分ちょっとですが。何か質問ございますか。NPO法人される方，これからされたい，実際なさっている方も含めて。

受講生A　多少のことわかるのですが，今回のこの「ママとキッズの」は，何人くらい募集して実際何人くらい集まりますか。

石垣　保育をつけているのは，15名調理室の定員が20名。あまり多くてもたいへんなので15名で募集しています。

受講生A　15名位集まる？

石垣　初回は10人位，次の回は口コミで15名になります。最初が厳しくて，1度来てもらえると口コミでなんとかなります。最初が大切です。

須田　それがさっきの広報ですよね。きっとね。

石垣　広報です。

須田　それで500円取るとチラシを置いてもらえないというのがネックですね。私見ていても材料費だけでも・・・紙コップとか入れると結構なってしまいますよね。500円・・ね。

石垣　コップは洗って使っていると時間内に終わりません。会場は駅前で便利なため部屋を予約するのが大変です。本当は午前・午後と部屋をとりたいのですが，抽選が激しくて難しいです。ギリギリまで会場の日時が決定できないのもつらいです。

須田　場所はいいですよね。ここにも書きましたが，終わった時の片付けがすごいですね。何かしてあげたいと思いながらできなかったのですが。

石垣　色々やってみて一番早く終わる方法を考えました。時間がないので，お金で補えるところは補っています。

須田　事実始まる前から準備も30分以上1時間近くやってらっしゃるのですか。それ考えると代表の方，先程はメインの講師もされていますし，もう本当に頭が下がります。将来的には独立した事務所を持ってということですね。あと例えば人数はいかがですか。

石垣　もう少し増やしたいと思います。今だと厳しいです。ローテーションを組んで代表がいなくても出来るように。決まった人で行えば簡単ですが，それでは見えてこないものが多いです。マニュアルの作成などを通じて会員のスキルをあげていく必要があります。長い目で見た場合，団体としての生き残りに繋がってくると思います。

須田　いくつか同じような事業をやっている団体ありますか。

石垣　幼児の食事に対しては地元ではないと思います。

須田　例えばサポーターみたいに若

実習作品

補章1．NPO法人クリオネ

いお母さん方を会員にと考えられないのですか。

石垣　クリオネの事業は幼児から高齢者まで年代の幅がありますので，会の構成者が増えて担当を分けられるようになりましたら，ママたちに参加していただけるのではないかと考えています。

須田　NPO法人だと会員というのはありますが賛助会員，準会員という形で正会員じゃなくても少し・・・。

石垣　仕事ができる能力のある方がたくさんいらっしゃいます，うまくニーズを取りいれていけたらいいなと思います。準会員が企画して会員がサポートすることができたらすばらしいですね。私たちだとおばあさん世代に近いので，若いママの今本当に大変なこと多分こうかしら？と思っているだけですので。

須田　わかりました。もう少し聞きたいこと，どうぞ。

受講者B　まずメインにご自分の職業があるのが強みだと思います。これからどんどんいろいろなことができそうな可能性が見えて私にはうらやましく思います。他にもターゲット広げられそうで。

石垣　NPO法人は物ではなくて人に対しての関わりができるのが，今の時代強みだと思います。機械では代われないものがたくさんあります。人と人との関係は最後まで残るものだと思います。地域での仕事を大切にしていますが，現役でなくなった時にサポーターとして会をささえたいです。色々な世代の意見をいただけると新しいターゲットが見えてくるのではと思います。

受講生B　料理教室の食材はどなたかが提供されたりするのですか？

石垣　スーパーで買ってきます。

受講生B　NPOの経費で？

石垣　材料費は参加費でまかないます。保育の費用は助成金を活用しています。

受講生B　500円以内で？

石垣　はい。主婦ですから。

受講生B　以前関わったことがあるのは，お金が入ってきたのが年度末だっ

たことがあります。その点は。

石垣　私の場合委託料は，一月遅れで入ってきます。今月は先月5月の分。最初の一月～二月分の運用資金がないとお金が払えない。よろしいでしょうか。

須田　お時間なので拍手を。ありがとうございます。実際に活動されている石垣さんに色々お話をうかがってミッションの報告となりました。

まとめ

　今回の取材及びインタビューで感じたことは，NPO法人の活動は「人とのつながり，絆」が大切であること。本来が「ボランティア」であるため同じような「志（こころざし）」を持って参加する。また，活動が広がればその先で新たな人と出会い，それがネットワークとして繋がっていく。我々（税理士）が関与している一般の企業においても，日々進歩していかなければ，企業，法人はその活動を停止せざるを得ない。それはNPO法人も同様です。

　また，この取材で強く感じたことは，「リーダー」の存在です。講習会の講師から，広報活動，経理や連絡事務，受託事業の申請など八面六臂の活躍です。ご自身の本業（栄養士）もある中いろいろな業務をこなしていらっしゃる。そういうリーダーがいるからNPO活動は進んでいくものだと感じました。

　最後にNPO法人の活動の原資はどこに求めるのか。公益活動を行って行政から受託事業として報酬を得ることも多々あります。そのため行政もNPO法人の活動や経理について監査・監督します。それに対して，NPO法人はいかに開示義務（デイスクロージャー）していくのか。この開示がより重要になるものと考えます。NPO法人の会計基準につきましては，ここで見直しが行われました。その基準に準拠してより多くの方々にNPO法人の活動を知ってもらい，賛同協力していただければ，そのNPO法人は健全に継続され本来の目的を達成することができると考えます。

NPO法人クリオネの皆さん本当にありがとうございました。ここに報告を終了いたします。

補章 2. NPO 法人安全環境システム

中小企業のリスクマネジメントの支援を通して自己実現を達成するNPO

経緯

1. 設立

労働安全コンサルタントの 国家資格を有する理事長及び事務局長が発案し，労働衛生コンサルタント，中小企業診断士，国際規格（ISO）の審査員，税理士等の資格者である専門家が加わり総員 12 名で発足した。NPO 法人の申請では，理事長及び事務局長が申請書，定款を何度も書き直しては役所に日参して，2003 年（平成 15 年）6 月 27 日に認可を得た。"認可を得ることは大変だ"とお二人が言っていた。

会員は，個人事業主，現役のサラリーマン，サラリーマンを定年退職した契約社員など様々であり，自分の仕事をもっている人たちである。当面の生活の糧を求めているわけではなかった。一人で活動できる範囲や深さ，即ち，"質"及び"量"には限界がある。自信がないとは言いたくないと大部分の会員は内心考えていた。

心身共に健全である限り，少しでも収入の可能性のあるよりどころ，即ち，法人格の傘下に身をおきたいというのが本心であった。"濡れ落ち葉"にだけはなりたくない。大義名分のある拠り所が欲しかった。初回の総会は全員が出席し，活気のある雰囲気で終始した。

1. 活動実績
(1) 無料相談会

半年くらいするうちに一部の会員は具体的に何か活動しないと落ち着かない感情が湧いてきて，誰言うともなく"無料相談会"の案がもちあがり，メンバー各人の専門知識を考慮して担当をきめて張り紙を公民館などに掲示させていただいたが相談に訪れた方は皆無であった。これだけ専門家が揃っているのにどうして誰も来ないのだという会員もいた。

(2) ホームページ

理事長は自費でホームページを立ち上げた。アクションの早いこと"恐れ入りました。さすが理事長"と思った。この内容の充実を会員に提案したが，大部分の会員は不慣れであり，魅力のあるものができなかった。徐々に消えていった。

(3) 労働安全衛生リスクアセスメント研修

厚生労働省では1996年4月に"労働安全衛生マネジメントシステム指針"を公表し，労働安全衛生法を改正して"リスクアセスメント"又は"マネジメントシステムの取り組み"を指導していた。「労働安全リスクアセスメントの研修」のアイデアが会員から提案があり，早速，カリキュラム作成，講義資料の準備などが進められた。最低20名程度の受講申込があるであろうと期待し，会場手配などが進み，受講生募集案内を発送して受講申込を待った。結果は2名であった。理事長は，"この状態では実行しても赤字になることは明白である"と判断し，独断で会員には連絡なしに中止を断行した。"初仕事にもかかわらず，2名もの方が応募してくれた。今回は赤字でも実施しよう"との判断を期待していたが，"あとのまつり"であった。

(4) 労働安全衛生リスクアセスメント書籍出版

労働安全衛生管理に関する書籍出版の提案があった。大半の会員が大賛成。理事長の発案で"編集委員会"を組織し，編集委員長（後の理事長）を選出し，メンバーも決まった。書名は"労働安全衛生リスクアセスメント"副題として"解説テキスト"と難なく決まった。全体の構成，原稿執筆の担当，第1回目の原稿締め切り日などが決まった。

誰言うともなく，本の表紙はどうするか，挿絵はどうするか，写真はどうするか，色はつけるか，など等意見が飛び出し，これならば安くても3千円

くらいならとぶように売れるだろう．年に1度くらいは全員で温泉に行って勉強会をして，うまい酒を飲もう等など"捕らぬ狸の皮算用"に話が盛り上がった．

　予定の締切日に全員が原稿を持ち寄った．原稿を全員で精査した．これで全体を整えれば直ぐに出版にこぎつけられる．簡単に仕事がすすんだと感激している会員もいたが，編集委員長がひとり浮かぬ顔をして，"皆さんが書いた原稿には独自性がない，新しい発想，アイデア，ノウハウが入っているとは思えない．このような内容の書籍はいくら外観を飾り，漫画，写真，などを入れても，買って読んでもらえるとは思えない．NPO法人の恥を世間に曝すものだ"と発言した．賛成した一部の会員もいたが，編集委員長は他の会員からカンカンに吊るし上げられた．理事長は編集委員長に強力なプレッシャーをかけた．"編集委員長が信念をもって主張するのであれば，思うようにやるがよい．我々はこれ以上の協力はしない．しかし，これまで協力した会員全員の氏名を執筆者として記載せよ"との要求を突きつけた．

　編集委員長は賛成した会員の協力を得て，休日，祝日，自分の仕事での出張先でもパソコンを持ち歩き，翌日の仕事に差し支えない範囲でホテルで夜遅くまで執筆作業をした．数ヶ月後，全体の原稿が整ったときに編集委員長は会員全員に原稿案をE-mailで配信したが，協力した会員以外の人からのレスポンスは何もなかったが，自費出版に漕ぎ着けた．

　労働安全週間の準備月間の折に"労働安全衛生リスクアセスメント"と題した講演を労働基準協会主催の"労働安全教育"として数回講演をさせて頂き，この際に販売した．好評であった．

(5)　石綿関連事業

　石綿（アスベスト）問題がメディアで盛んに報道され，石綿障害予防規則が制定された．石綿に関する作業環境測定，石綿の無害化などの事業が一気に活気付いた．ある会員のコンサル先（顧客）で石綿無害化事業に関連して石綿の分析測定事業を検討しているが国家資格者（作業環境測定士）がいない．NPO法人に資格者はいないかとの打診を受けた．幸い会員の中に資格者（後の理事長）がおり，作業環境測定事業に協力してNPO法人の収入源

にしようと意見が纏まった。しばらくして会員のコンサル先の企業が倒産してしまった。

(6) 衛生管理者受験対策事業

　衛生管理者の選任の行政指導が強化され，特に中小企業では社員に国家試験を受けさせたいが，"① 研修にいかせる費用がない ② 研修に行かせる時間がない ③ 資格がとれた暁に退職されたら困る"などの理由で欠員が生じている状況を察知した会員が「衛生管理者受験対策事業」を提案した。"何か活動したい""やらなければならない"と考えていたので，直ぐに話が纏まり，めいめい参考書を自費で購入して調査を開始したが，理事長が浮かぬ顔をして，情熱的に取り組んでいる会員に"この事業はNPO法人の事業としてやらない。調査，企画してもムダだ"と遠まわしに言って中止させた。その直後，理事長は自分の腹心の会員だけで「衛生管理者受験対策事業」の相談を公然と始めた。"皆で協力してNPO法人を発展させよう"と頑張ってきた会員は理事長から離れていった。

(7) 最後の定時通常総会

　険悪な雰囲気になったが，2010年5月8日の定時通常総会は予定通りに進行した。途中で一人の会員が突然退会届を提出した。それに続いて雪崩のように理事長の腹心の会員が一斉に退会届を出し，理事長も退会届をだして，定時通常総会の途中で"後足で砂をかける"ようにして一斉に退席していまった。当然この定時通常総会は成立しない。残された事務局長，理事，監事の3人はしばらく呆然としていた。このままでは解散せざるを得ない状況になった。

　このとき気を取り戻した事務局長が"自分はこのまま事務局長を続ける"と言って，残っている理事に"理事長を引き受けて欲しい。そうすれば理事長，事務局長，監事の3役がいるので再建は可能だ。振り出しに戻って再建しよう。2010年8月31日までに会員を10名以上に増やして臨時総会を実施すれば，解散は免れる"と声をかけた。呆然としていた理事は二つ返事で理事長を引き受けてしまった。新理事長と事務局長は毎日のように電話で打ち合わせをしながら会員を15名募集して，2010.07.31に臨時総会を開催し

た。解散の危機を脱出した。

(8) 検証

解散の危機的状況になってしまった原因は，様々あるが，主なものは次の通りである。

① ミッション未確立
② ビジョンの未確立
③ 組織内の規約が文書化されていない
④ 学習不足
⑤ コミュニケーション不足（毎月理事会を開催していたが）
⑥ 先見性欠如
⑦ 創造性欠如
⑧ 責任の所在が不明確（特に説明責任）　など

これ等の原因を逐次是正することを考えたが，これ等を一掃してゼロからミッションを構築することとした。

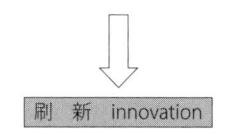

⇩

刷　新　innovation

ミッション

弊NPOのミッションを，「中小企業経営層のリスクマネジメントの導入及び実施を，会員は自己実現を目指して支援する」とした。このミッションにたどりついた経過をのべる。

戦後日本は急速な勢いで復興し，1955年から1975年の高度成長期を経て，ついには経済大国になり物質的には豊かで便利な生活を満喫している。企業は競って自社製品の開発，製造，販売に鎬を削っている。消費者は益々贅沢になり，我侭になっている。誰しも贅沢ができることが幸福と考えがちになりやすい。衣食足りて礼節を知ると言われているように物質的に豊かであることは必要なことである。「物質的に豊かな生活」は一時的には幸福と

誰しも感じるが，それだけで人間は本当に幸福なのであろうか。「物質中心の世界観」が支配的になると，「人間性の疎外」，「精神性の欠如」等が目立つようになる。

ノーベル経済学賞受賞者であるプリンストン大学カーネマン名誉教授が45万人について収入と幸福感について調査したところによれば，幸福感は年収が多いほど大きくなるが，年収600万円程度で頭打ちになる。高い年収で満足は買えるが，幸せは買えないと言っている。

「精神的に豊かな生活」もあるのではないか。人間は「物資的な豊かさ」と「精神的な豊かさ」がバランスして満たされているときが最高の幸福感を感じ，生きていることの素晴らしさ，将来への希望をもつものと考える。「精神的な豊かさ」は「自己実現」によって得られる。

幣NPO法人の会員は，個人事業主，企業の勤務者，経営者等であり，各人の経歴等を勘案して「会員は，自己実現を目指しながら，中小企業経営層のリスクマネジメントの導入，実施の支援という社会貢献を行う」を幣NPO法人のミッションとした。

1. 自己実現

アメリカの心理学者アブラハム・マズローは「人間は自己実現に向かって絶えず成長する生き物である」として，人間の欲求を5段階で理論化している。人間は満たされない欲求があると，それを満たそうとする「欲求満足化行動」をとる。欲求には優先度があり，低次の欲求が満たされると，より高度な欲求へと段階的に移行する。欠乏欲求がかなりの程度満たされると，終局的に自己実現の欲求を求める。自己実現をした人は少ないが，この人たちの特徴は次の通りである。

① 客観的で正確な判断ができる
② 自己受容と他者受容ができる
③ 純真で自然な自発性がある
④ 創造性がある
⑤ 民主的性格である

⑥　異文化に対する依存が低い
⑦　利己的且つ利他的である
⑧　未来の出来事の予測ができる
⑨　重要な何らかの仕事，課業，義務，職業に専念している

「自己実現」は，「他人と同じではない自分らしい人生の目的・方向性を発見して（自分のアイデンティティーの発見），その目的を「特定の社会的価値観」により動機付けして，自分の潜在的能力を開発しながら実現することである。動機付けの社会的価値観を「中小企業のリスクマネジメントの導入，実施支援」とする。

2. リスクマネジメント

2009年に「ISO 31000 リスクマネジメント―原則及び指針」が制定された。これには「新しいリスクの概念」が導入された。
　＊新しいリスクの定義：目的に対する不確実性の影響（effect of uncertainty on objectives）
　＊従来のリスクの定義：事象の発生の確率その結果の組み合わせ

新しいリスクの概念は「目的の達成に対して，何らかの原因（原因の不確かさ）が，何らかの条件下で（起こりやすさや顕在化シナリオの不確かさ）によって起こる何らかの影響（影響の不確かさ）の可能性」である。ここでの「不確かさ」は事象，その結果，その起こりやすさに関する情報，理解，知識が部分的でも欠落している状態である。影響とは，期待されていることから，好ましい方向及び好ましくない方向に乖離していることである。

目的は，品質，安全衛生，環境，食品安全，財務など等に関する到達目標などの側面について，戦略，組織全体，プロジェクト，製品，プロセスなど異なったレベルで設定される。企業は業種及び規模の大小を問わず様々なリスクを容認（リスクテーキング）している。そのため経営層は様々な情報を収集し分析・解析して意思決定，即ち，「特定の目標を達成するために，ある状況において複数の代替案から，最善の解を求めようとしている」これがリスクマネジメントの本質である。

3. 対象リスク

(1) 労働安全衛生リスク（OHSAS 18001 労働安全衛マネジメントシステムに基づくリスクマネジメント）

1900 年代初頭，米国では不景気のあおりを受け，労働者達は劣悪な環境の中で危険な業務に従事していた。熱心なキリスト教徒であった US スチール社のエルバート・ヘンリー・ゲーリー社長は心を痛めていた。当時の会社方針は「生産第一，品質第二，安全第三」であった。これを「安全第一，品質第二，生産第三」に大幅に変革したところ，労働災害がたちまち減少し米国全土に，やがて世界中に広がった。

大多数の企業は「安全第一」をスローガンにしている。このリスクマネジメント規格としては「OHSAS 18001」等がある。労働災害は「図表1」に示すとおり，製造業，建設業，運輸業，商業で多く発生している。更に企業の規模からみると，規模の小さい企業で多く発生している。

図表1 業種別・事業規模別 死傷災害発生状況（2009年）「死亡災害及び休業4日以上」

規模（人）業種	1〜9	10〜29	30〜49	50〜99	100〜299	300以上	合計
全業種	28,133	29,788	15,774	15,201	16,544	8,712	114,152
製造業	6,163	7,615	3,968	3,756	4,352	2,141	27,995
鉱業	94	118	12	5	2	0	231
建設業	10,200	4,356	993	482	189	48	16,268
運輸交通業	1,534	4,373	2,884	2,624	2,897	941	15,253
貨物取扱	135	314	221	258	245	129	1,302
農林業	1,860	839	331	260	62	2	3,354
畜産・水産業	620	624	142	120	66	5	1,577
商業	3,256	4,500	2,332	2,290	2,212	1,098	15,688
金融広告業	138	387	206	152	133	430	1,446
映画・演劇業	14	28	14	12	13	1	82
通信業	81	84	90	376	1,252	1,242	3,125
教育研究	171	214	139	127	118	138	907
保健衛生業	610	1,476	1,102	1,646	2,190	897	7,921
接客娯楽	1,263	2,346	1,756	1,436	934	375	8,110
清掃・と畜	924	1,311	805	878	1,068	644	5,630
官公署	25	22	4	11	16	16	94
その他の事業	1,045	1,181	775	768	795	605	5,169

（出所）厚生労働省「労働者死傷病報告」

(2) 製品及びサービスの品質リスク（ISO 9001 品質マネジメントシステムに基づくリスクマネジメントシステム）

　企業は「製品及びサービス」を企画し，設計・開発，原材料の調達，製造及びサービスを顧客に提供している。これらの全過程において経営層は苦渋の意思決定をしなければならない。経営層は意思決定が仕事である。

(3) 環境リスク（ISO 14001 環境マネジメントシステムに基づくリスクマネジメント）

　地球環境問題として，地球温暖化，生物多様性，酸性雨，森林破壊等々があるが，東日本大震災の後，省エネの問題が急浮上した。省エネは炭酸ガス排出抑制と関連するので，社会がエネルギーマネジメントを企業に要求することは容易に想定される。

(4) 食品安全リスク（ISO 22000 食品安全マネジメントシステムに基づくリスクマネジメント）

　人の生命維持のための最も重要なものは食の問題である。食品が消費者の手元に届くまでには様々な食品関連の企業が連鎖的に複雑に関与している。このうち何処か一つの企業で食品安全がキチンと管理されていないと食中毒が発生する恐れがある。

　厚生労働省が明らかにした2010年の食中毒の発生件数，患者数を図表2に示す。これらの食中毒はノロウイルス，カンピロバクター，サルモネラ菌，ぶどう球菌，ウェルシュ菌，O-157などが主なものである。

図表2　食中毒の発生件数，患者数

	事件数	患者数	死者数
総数	1,254	25,972	0
原因食品又は食事が判明したもの	989	21,292	0
原因物質が判明したもの	1,159	23,893	0

（出所）厚生労働省資料。

組織の特徴

1. 理念
   * 自己実現
   * 先見性
   * 創造性

2. 規約
   ① 入会金ゼロ
   ② 年会費 1,000 円（刷新前の年会費 12,000 円）
   ③ 会員は，当 NPO 法人の名誉を汚してはならない。
   ④ 会員は，
   ・「当 NPO 法人の肩書き」で仕事を受諾してよい。
   ・「当 NPO 法人の名義」で仕事を受諾してはならない。
   ⑤ 「当 NPO 法人の肩書き」で仕事を受諾した場合，当 NPO 法人に寄付をする
   ⑥ 会員は，自発的に研究会発足の提案をし，会員相互協力して研究活動をする
   ⑦ 会員は，自分のアイデンティを発見する（自分の中に潜む欲求を認識し，それを表現する）

3. **未来の出来事の予測**
   世の中の僅かな変化を捉え，会員相互のコミュニケーション，デスカッションより未来の出来事を予測する。

4. **学習**
   (1) 学習の対象
   当面は次の4つのリスクを対象にするが，会員の提案により拡大する。
   ① 労働安全衛生

② 製品及びサービスの品質
③ 食品安全
④ 環境
(2) 学習の方法
＊会員の提案に基づき研究会を発足
＊研究会メンバーを会員の中から募集
＊自主的に研究会活動をする
学習は知識だけでなく，ノウハウの創出までやる
＊当NPO法人は研究会を支援する

5. 会員が期待できるメリット
① 個人事業主
次の業務活動に学習したことを活用できる。
＊執筆，出版，投稿
＊講演受諾
＊講師受諾
＊コンサル受諾
＊他の会員の協力
＊システムの有効性の審査
② 勤務者
＊上司へ意見具申
＊上司から指示された業務の質及び量的に完成度の高い業務の遂行
＊昇進の道が開ける
＊将来退職後の活動分野の確保準備（知識，人脈などなど）

経営課題

1. アイデンティティーの発見
会員は自分のアイデンティの発見が必須である。自主的に提案し，学習

し，実行することが不可欠である。当 NPO 法人の会員は指示待ち人間であってはならない。自分のために自分のアイデンティティーの発見が必須である。

「自分のやりたいこと，自分はどのような人間になりたいか等など」を列挙しつづけることにより自分のアイデンティティーが発見できる。これを継続することである。

2. 自主的な研究会活動
社会のニーズを先取りした活発な研究会活動の継続が必須である。

3. 先見性の醸成
社会情勢の変化を敏感に捉え，これにより何が起きるか，何がかわるかを常に意識して予測する。これは会員相互のコミュニケーションにより先見性の確度があがる。

4. 利己的及び利他的風土の醸成
利己的と利他的の両方がバランスしていないと，コミュニケーションが成り立たない。協調性が損なわれる。誰でも分かっているが，陥りやすい。

5. 寄付
弊 NPO 法人の収入は，会費（1人当たり年会費 1,000 円）及び会員の寄付だけである。
研究会活動が頼りである。

追捕
刷新後の内部の規約の妥当性の確認の結果を図表3にまとめた。簡素化した規約ではあるが，妥当性の確認により，弊 NPO 法人は細くても将来性のある経営ができると確信した。図表3参照。

図表 3 妥当性の確認

検証	妥当性の確認
1. 文書化されたミッション未確立	文書化した
2. 文書化されたビジョン未確立	文書化した
3. 文書化された組織内の規約未確立	文書化した
4. 学習不足	研究会活動で充足可能
5. コミュニケーション不足	研究会活動で充足可能
6. 先見性欠如	研究会活動で充足可能
7. 創造性欠如	研究会活動で充足可能
8. 責任の所在が不明確(特に説明責任)など	研究会活動で充足可能
9. 利己的 ≧ 利他的	「当 NPO 法人の名義」での仕事の受諾不可

補章 3. NPO のミッション追及とその評価

なぜ，いま NPO なのか

1. NPO とは何か

社会問題解決のための新しい担い手として NPO（Non-Profit Organization）が注目を集めている。NPO とは，政府でも企業でもない非営利・非政府[1]の団体で，「非営利組織」もしくは「民間非営利組織」と訳されている。文化・芸術，教育，保健・医療，福祉，環境，災害救援，まちづくり，国際協力などの課題克服を目的に運営される団体のことである。出資者に活動から得られた利益を分配しない点が特徴である。

NPO の特性を把握するうえでよく知られているのは，ジョンズ・ホプキンス大学の非営利セクター国際比較プロジェクト（The Johns Hopkins Comparative Nonprofit Sector Project，以下 JHCNP）で使用されている定義である。JHCNP では NPO とは以下の5つの特徴を持つものとしている。

① 制度上の登録や法人格の有無にかかわらず，運営のための構造や組織としての規則と持続性を持つ，「正式な組織（formal organized）」であること。
② 政府から独立した組織，「非政府・民間組織（private）」であること。
③ 収益活動をする場合においても，その活動によって得られた「利益を分配しない（not profit-distributing）」こと。
④ 組織内に「自己を統治（self-governing）」する機能を備えること。
⑤ 会員登録や参加は法的義務や強制によらない「自発的（voluntary）」なものであること。

とりわけ，第3の「利益の非分配制約」は特記すべきである。NPO の「非営利性」とは，利益の非分配，つまり理事や出資者，経営者に配当をしない

という意味であり，収益活動をしないという意味ではない。事業によって得た利益を配当するのが営利組織，それをせず次年度の事業に当てるのが非営利組織である。ただし，資本や労働力を提供した者はそれに見合った対価を受け取ることができ，利益非分配制約を破ることにはならない。

2. NPOの誕生，発展の背景

　欧米におけるNPO誕生の背景を振り返る。1960年代から70年代にかけて，各国とも福祉国家を目指した時期があったが，それはやがて社会保障の高負担とインフレ高進によって，行政の肥大化を招くこととなった。その反動から80年代には規制緩和や民営化といった市場機能を重視した政策への転換が図られるようになる。幸い財政赤字の克服など一定の成果を得ることは出来たが，しかし，今度はそれまでの行政サービスを誰が供給するかという問題が浮上してきた。

　NPOは，こうした時代を反映するなかで次第に注目されるようになってきている。企業活動に依存した資源配分も，行政に依存した政策運営にも自ずと限界があるとの認識が広がっていることが背景にある。しかも，近年の人々の価値観の多様化がさらにその傾向を強めている。

　日本においてNPOが注目されるようになったのはここ20年ほどのことである。いわゆるバブル崩壊後の閉塞感の漂うなかで，企業部門はもとより行政部門の政策的行き詰まりを打開するものとして次第に注目され始めた。

　1995年の阪神淡路大震災以降のボランティアや草の根活動団体の活動が契機となって，1998年には「特定非営利活動促進法（NPO法）」が成立し特定非営利活動法人（NPO法人）が急増することとなった。以降，少子高齢化，規制緩和，情報化など，長期の社会変化に対応する新しい公共の担い手としてNPOへの期待はさらに高まっている。

　また，2011年東日本大震災の復興支援においても，NPOは機動力を活かした素早い対応と，自身の活動範囲や得意分野に特化した個別のニーズ対応で大きな役割を果たした。これを受け，NPO法も大きく改正され2012年4月1日から施行されることとなった。

3. NPOの役割

　NPOの役割は市場経済システムの下で政府や企業が対応できない多様な社会的ニーズに対応することにある。それは「政府の失敗」と「市場の失敗」という理論から説明できる。

　「政府の失敗」とは，政府の脆弱性により公共財の量的供給が不可能であること，または，多様化する国民の公共財や準公共財へのニーズへの対応が不可能であることを指す。あるいは，政府がそうしたニーズに対応しようとすると非効率になってしまうことである。このような場合，たとえ教育や介護福祉，地域振興といった公共・準公共的なニーズであっても，市場システムに委ね，個別の営利企業にその対応を委ねる方が効率的と考えられるのである。

　しかしながら，営利企業によっても多様な社会的ニーズに対応できない。なぜなら「市場の失敗」が起きるからである。市場の失敗とは，市場において情報の非対称性が存在する場合に，取引が成立しないことを指す。つまり，営利企業の提供する商品やサービスの質について消費者が企業ほど情報を持っていない場合，消費者は営利企業が価格に比べ質の低い財・サービスを提供すると考える。これは営利企業には利益を最大化させようとするインセンティブが働くためである。こうして，消費者は営利企業が提供する公共・準公共サービスを購入しようとはしない。

　そこで，利益非分配制約を持つNPOであれば，消費者は利益最大化のインセンティブが小さいと判断される。消費者はNPOが提供する公共・準公共のサービスであれば対価を払って購入することになる。

　以上のように，NPOは「政府の失敗」と「市場の失敗」という状況下で政府ができず企業もできない分野の社会的ニーズへの対応を担う役割を果たすことになる。

日本のNPOの現状と課題

1. NPOの範囲

日本でNPOというと，次のように様々な範囲で理解されている。

まず，日本の法人制度では，営利・非営利の区分以外にも，その活動内容によって法人が区別されているので，広い意味でのNPOには次のような様々な法人が含まれる。一般社団法人・一般財団法人，公益社団法人・公益財団法人，社会福祉法人，宗教法人，更生保護法人，医療法人。これらをすべて含めて広義のNPOとされる。ただ，これら法人の中には明らかに利益の追求を目的として活動している法人もあり，非営利・非分配を原則とするNPOの範囲に含むのは妥当とは言えない。

しかし，NPO法の成立以降は，NPOというと上記の諸法人とは別に，NPO法上のNPO法人を指すことも多くなった。「NPOイコールNPO法人」，これが最狭義のNPOといえる。

そして，NPO法人に加えて，本書で紹介された〈中小企業・ベンチャー〉ビジネスコンソーシアムなど，法人格のない任意のボランティア団体や市民活動団体も，組織としての体裁を整えていればNPOの範囲に加えるのが妥当であろう。

2. NPOの現状

広義のNPOのマクロ経済規模はどれくらいであろうか。広義のNPOの活動規模は国民経済計算の民間非営利団体実態調査によって把握されている。民間非営利団体の総収入を示した図表1によると，その活動規模がここ10年増加傾向にあることがわかる。2000年に25兆円規模だったものが10年の間に35兆円規模にまで大幅に拡大している。10年足らずで40％の拡大となっている。

2010年度の民間非営利団体の総収入は35兆9,273億円（前年度比9.5％増）であった。主な収入項目別にみると，寄附金や会費，補助金等の収入である「移転的収入」が30兆2,180億円（全収入の84.1％），事業収入は5兆

図表1　民間非営利団体の経済規模（総収入）

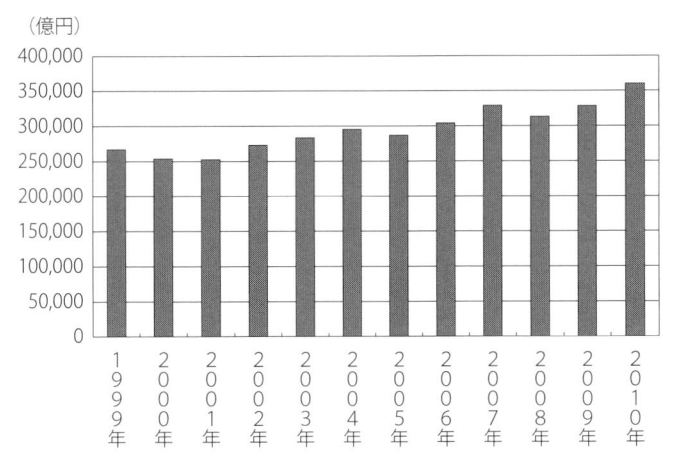

（出所）国民経済計算・民間非営利団体実態調査（各年版）

1,463億円（全収入の14.1％）であった。

次に狭義のNPOとしてのNPO法人について見る。まず，法人数の推移については，1998年のNPO法成立以降，NPO法人の設立が相次ぎ2011年度末月現在，4万法人を超えるまでに至っている（図表2）。2007年以降は新規増加数に鈍化がみられるものの，過去13年間にわたって一貫して増加の一途をたどっている。

図表2　NPO法人数の推移

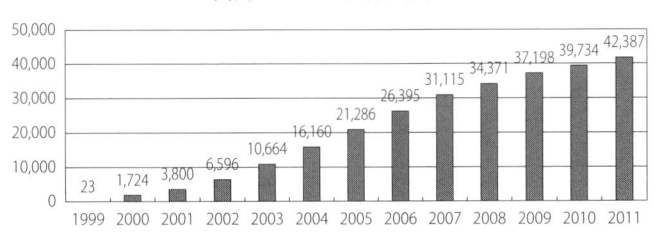

（出所）内閣府「特定非営利活動法人の仕組み」

NPO法人の活動分野はどのようになっているか。図表3によると，約6割の団体が保険・福祉・医療の活動を行っている。また，4割から5割は社会教育の推進や他のNPOなどを支援する団体活動援助，子どもの健全育

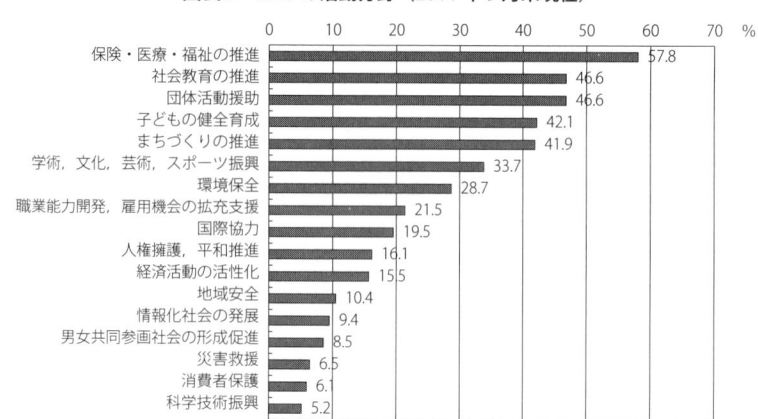

図表3　NPOの活動分野（2011年9月末現在）

活動分野	%
保険・医療・福祉の推進	57.8
社会教育の推進	46.6
団体活動援助	46.6
子どもの健全育成	42.1
まちづくりの推進	41.9
学術，文化，芸術，スポーツ振興	33.7
環境保全	28.7
職業能力開発，雇用機会の拡充支援	21.5
国際協力	19.5
人権擁護，平和推進	16.1
経済活動の活性化	15.5
地域安全	10.4
情報化社会の発展	9.4
男女共同参画社会の形成促進	8.5
災害救援	6.5
消費者保護	6.1
科学技術振興	5.2

（出所）内閣府「特定非営利活動法人の仕組み」

成，まちづくり推進などの活動を行っている。次いで，学術・文化・芸術・スポーツ振興，環境保全，職業能力開発・雇用機会の拡充支援，国際支援，人権擁護・平和推進，経済活動の活性化，地域安全と続く。

　NPO法人の収入および支出の状況を示した図表4によると，次の2点でNPO法人の財務状態が安定していないことを確認することができる。まず，2003事業年度においては，総収入1,810万円に対して総支出が1,980万円と

図表4　NPOの収入および支出

分類	内訳	2003事業年度 (百万円)	構成比	2007事業年度 (百万円)	構成比
収入	事業収入	11.3	62.4%	14.8	72.9%
	補助金・助成金	2.5	13.8%	3.2	15.8%
	寄付金	1.6	8.8%	0.7	3.4%
	会費	1.3	7.2%	0.7	3.4%
	その他	1.4	7.7%	0.9	4.4%
	合計	18.1	100.0%	20.3	100.0%
支出	事業費	14.5	80.1%	13.2	65.0%
	管理費	4	22.1%	4.6	22.7%
	その他	1.3	7.2%	1.4	6.9%
	合計	19.8	109.4%	19.2	94.6%

（出所）NPO研究情報センター『NPO白書2010』

なり，収入に比べ支出が9%超上回る赤字の状況となっている。また，収入の内訳をみると事業収入が2003年62.4%，2007年72.9%と非常に大きな割合を占めており，次いで補助金が15%前後，寄附金や会費による収入の割合が非常に小さい。これはNPO法人が寄附金や会費による収入ではなく，収入の多くを事業収入，そして政府や自治体の補助金に依存していること，したがって財源の多様性が乏しく，財務体質がぜい弱なことを示している。

　NPO法人の寄附金の状況を金額別に示した図表5によると，まったく寄附を受け入れていないNPO法人が約3割にも達している。寄附の収入があるとはいうものの100万円以下の比較的少額の寄附しか受け入れてない法人が5割強を占めることなど，一般のNPO法人の寄附金の受け入れ状況が芳しくないことを示している。

図表5　NPO法人の寄附金の状況

寄付金収入	NPO法人
0円	35.4%
1円以上100万円未満	51.2%
100万円以上500万円未満	10.6%
500万円以上1,000万円未満	1.6%
1,000万円以上	1.2%

（出所）NPO研究情報センター『NPO白書　2010年』

　以上のように，全体的にみると4万法人を超えるNPO法人は，その財務体質がぜい弱であり，特に，寄附金による収入が非常に乏しい。NPO法人数は増えたもののその事業活動はそれほど順調にはいかず，財務的にも苦しい状況の中で活動が行われているのである。まずは，運営主体の自主的努力によって克服されることが期待される。

　寄付促進のための取り組みとして制度面での対応も進んでいる。NPO法人への寄附を促すことにより，NPO法人の活動を支援するために税制上設けられた措置として，「認定NPO制度」がある。NPO法人のうち一定の要件を満たすものについて，国税庁長官が認定を与える制度である。認定を受けたNPO法人は税制上の優遇を受けることができる。2012年6月1日現在，257法人が認定を受けているが，NPO法人の全体に占める割合は1%に

も満たない。本書では，スペシャルオリンピックス日本・東京，日本グッド・トイ委員会，難民支援協会が認定を受けている。

2011年の税制改正により認定要件が緩和され，2012年4月には，所轄庁が認定を行う新たな認定制度が創設されるなど，認定NPO法人制度が改正された。これら規制緩和・制度拡充により，認定NPO法人数が増加してNPO法人の活動を支援するための寄附が促進されることが期待されている。

NPOのミッションと評価

NPOの活動は非営利であり，つまり，営利を目的としない。では何が目的であろうか。その活動の目的は，それぞれのNPOが設定した，人や社会を変える長期的な「ミッション」の追及にある。

NPO研究の先駆者であるP. F. ドラッカーは『非営利組織の経営』のなかで次のように指摘している。「NPOは一人ひとり人と社会を変える存在である。したがって考えるべきはいかなるミッションが有効であって，いかなるミッションが無効であるかである。そしてミッションは何かである」。

また，ドラッカーは，「ミッションの価値は，正しい行動をもたらすことにある。…ミッションとは，組織に働く者全員が自らの貢献を知りうるようにするものでなければならない」とも指摘している。すなわち，各NPOに固有のミッションがあるからこそ，そのミッションの追及に賛同した人たちが，ボランティアとして活動に参加したり，会員となって会費を納入したり，支援者として募金や寄附を提供したりするのである。ミッションへの賛同者たちは，時間を犠牲にして無償の労務を提供したり，活動のための資金を提供したりすることを通して，ミッションへの貢献を果たす。

このように，営利組織とは区別されるNPOの特性は，ミッションの追及をその活動の第一の目的にしている点にある。

ミッションの追及が活動の第一目的であるが故にマネジメントにおける困難な課題にも直面する。それは，NPOの活動の評価をいかに行うかという課題である。営利企業であれば，その活動目的は長期利益の最大化にある。

したがって，利益，とりわけ長期的な利益が企業の事業活動の成果を測定する決定的な判断基準となりうる。

ところが，NPOでは活動の第一目的はミッションであり，各NPOによってミッションはそれぞれ異なる。そのため，統一的な判断基準でその活動を評価することはできない。多様な基準を考え組み合わせる必要があるのである。日本においても，「エクセレントNPO」を目指そう市民会議や特定非営利活動法人コミュニティ・シンクタンク「評価みえ」などによるNPOを評価する統一的な評価基準を構築しようという動きがある[2]が，その試みはなおも途上の段階にあり，今後の議論の進展が期待される。

(注)
1) 非営利組織はNGO（Non-Governmental Organization）と呼ばれることがある。NGOは，政治学的な側面に焦点をあてた用語であり，国連憲章にも歌われて以来，一般に国際会議などで民間団体を指すときに使用される名称である。一方，NPOは社会・経済学的な側面に焦点をあてた用語である。日本国内ではNPOと呼ばれていても，国際的な活動の場ではNGOとして扱われることがある。
2) それぞれ，NPOの評価基準を作成し，『「エクセレントNPO」の評価基準』『社会を変えるNPO評価』として，評価基準を公表している。

(参考文献)
内閣府「特定非営利活動法人制度のしくみ」内閣府NPOホームページ（2012年4月30日アクセス，https://www.npo-homepage.go.jp/pdf/201204_leaflet.pdf）
「エクセレントNPO」を目指そう市民会議編『「エクセレントNPO」の評価基準』，言論NPO，2010年。
粉川一郎著・特定非営利活動法人コミュニティ・シンクタンク「評価みえ」監修『社会を変えるNPO評価』，北樹出版，2011年。
P. F. ドラッカー著・上田淳生訳『非営利組織の経営』，ダイヤモンド社，2007年。
山内直人・田中敬文・奥山尚子編『NPO白書2010』，大阪大学大学院国際公共政策研究科NPO研究情報センター，2010年。

索　引

<1-9, A-Z>

10 年後のサラを描くプロジェクト　41
BDF 活用システム　90
blog　144
CSR（企業の社会的貢献）　39, 55
Fathering　42
ISO 31000 リスクマネジメント―原則及び
　　指針　174
JAR　117
NGO ピースウィンズジャパン　119
NO といえる風土づくり　111
NPO（Non-Profit Organization）　181
　　――との関わり　151
　　――の経緯　65
　　――のミッション　64
　　――部会　149
　　――法　118
　　――法人　18, 160
　　――法人クリオネ　153
　　――法人 高齢社会の食と職を考える
　　　チャンプルーの会　31
　　――法人 新現役ネット　65
　　――法人西会津国際芸術村　64
　　――法人の寄附金　187
　　――法人の経営学　140
　　――法人の事業経営　38
　　――法人の認証　34
　　――法人（保育サービスぽてと）　156
　　――法人 森のバイオマス研究会　85
　　――法人 若者就職支援協会　92, 97
　　――マネジメント講座　75
OHSAS 18001　175

PST　145
SNS　144
SON 東京の決算状況　13
SON 東京の収入概要　16
T‐テラス　80
UNHCR　125

<ア行>

アイデンティティー　179
アスリートの家族（ファミリー）　13
新しい公共　132
新しいリスクの概念　174
アビイ・ロード　44
アフガン難民申請者収容事件　121
アムネスティ　118
　　――・インターナショナル　117
綾川流域照葉樹林帯保護・復元プロジェク
　　ト事務局　77
綾川流域照葉樹林保護・復元計画　76
綾の森を世界遺産にする会　76, 77
アレー・ホール　70
安藤寿美子　65
飯田橋の銀鈴会館　120
石綿（アスベスト）問題　170
委託事業　160
居場所づくり　59
インディペンデント・コントラクター　94
ウィンドー・ディスプレイ（有）現代工房
　　70
打ち上げ花火　48
運動と食事　156
衛生管理者受験対策事業　171
おいしく食べて健康に　156

おもちゃ学芸員　53
おやつ（昼食）　25

<カ行>

開示義務（デイスクロージャー）　166
会費　87
外部団体との連携　13
隠れ里・西会津 in 世田谷　69
化石燃料　89
仮設消防所　58
学校や福祉施設との関係　24
活動内容及び役割　67
株主価値経営　146
環境NGO企業の企画提言「注目に値する提言」　76
環境リスク　176
観光文化ボランティア　77
管理本部　14
起業支援を通じての雇用拡大　150
企業との連携プロジェクト　48
企業と連携　81
寄付金　87
旧新郷中学校校舎　65
行政指導　86
行政の下請け機関　52
共生福祉の町づくり　58
競争的助成事業資金　87
区のNPO支援センター　157
グリーンツーリズム　69
桑津子どもの家　57, 58
経営改革　150
経営課題　70
経営方法　143
芸術家の招聘　69
継続する　59
研究部会　149
健常児　22
公共機関の下請化組織　54
高校中退者　93
厚生労働省委託訓練　148

広報委員会　14
小型ペレタイザー　88
国際オリンピック委員会（IOC）　4
国連難民高等弁務官（UNHCR）　121
　──事務所　115
ここちよくエクササイズ　156
心グルメ　64
子育て・子育ち・親育て　63
子育てパパ力検定　48
国家資格者（作業環境測定士）　170
コーディネート事業　75
子ども達の放課後　57
コミュニティ支援活動　125
コミュニティーシネマ　74
コミュニティ・ビジネス（CB）　50, 51, 73
雇用のミスマッチ　152
雇用問題　152
コラム　70
コンソーシアム賞　147

〈サ行〉

最悪回避の人生　99
再生・針葉樹林回廊　76
西都原考古博物館　83
　──運営支援事業　77
西都原古墳群観光文化ボランティア育成講座の開催　77
坂本恒夫　147
里山　88
サラ安心サービス　41
サラ農園　35
産地直送　69
支援の質　24
資格認定制度　54
事業型NPO　50, 81
資金の確保　16
資源循環型社会　85
自己実現　173
自己を統治（self-governing）　181

市場の失敗　183
自然エネルギー資源（バイオマス）　85
持続可能な文化事業の推進　54
執行委員会　14
実績　68
実務従事ポイント　109
指定管理者　84
自発的（voluntary）　181
市民性　52
　──創造　50
社会的使命　138
社会変革　50
自由活動　25
就職前後相談活動　99
受益者負担　62
シュライバーキャンプ　3
ジョイントベンチャー（JV）　78
障害児関係の仕事　29
障害児のコンサートイベント　75
障害児の集団　26
障害児の放課後クラブ　27
障害児の放課後支援事業　28
障害特性　26
常勤有給職員　54
常駐スタッフ　119
商店街に NPO がやってきた！　39
庄原市　85
照葉樹林ガイドブック　76
将来を見据えて　69
食・農等コミュニティビジネス・モデル事業　38
食のホットサロン　156
食品安全リスク　176
自律　95
人件費の削減　146
新郷の村　71
新ひろばサラ　38
瀋陽事件　122
森林・里山保全整備　85，86
森林ボランティアの育成講座　76

スチュワート・D・フリードマン　108
スペシャルオリンピックス　1
　──日本　2
生活協同組合パルシステム連合会　38
生活支援活動　125
正式な組織　181
精神的に豊かな生活　173
制度や手続きの調査・研究　151
製品及びサービスの品質リスク　176
政府の失敗　183
世界自然遺産候補地に関する検討会　76
節税　17
設立応援債　53
全国難民弁護団連絡会議　118
全体活動　25
専門委員会　14
専門家集団　119，141
創業希望者支援　101
ソーシャル・アライアンス　56
ソーシャル・ビジネス（SB）　46，50，51，73
存在感　26

〈タ行〉

第 1 回スペシャルオリンピックス国際大会　3
大学生の就職・キャリア形成支援　147
タイガーマスク　47
体験学習　69
第三国定住　129
　──における三者協議　130
第 3 の空間　26
高千穂通りを楽しむ活動　79
男女共同参画社会基本法　44
男女雇用機会均等法　44
地域子ども教室　60
地域振興　151
　──部会　152
地域新成長産業創出促進事業（ソーシャルビジネス発展基盤整備事業）　79

地域通貨　87
地域で暮らすことの幸せ　63
地球温暖化防止　85
父親支援　42
知的障害児　21
知的発達障害　3
地方部会　149
チャンプルー　31
中央労働金庫の助成金制度　38
中小企業診断士　101
中小企業の経営改革　150
　——支援　147
中小企業の成長　147
中小企業部会　149
中小企業・ベンチャー　ビジネスコンソーシアム　150
ちょっとした時間にできる社会貢献　108
低学歴者　93
出稼ぎ労働者　116
適応力の向上　25
できることをやる　113
東京おもちゃ美術館　51
東京都の空き店舗活用推進事業　37
特定非営利活動促進法（NPO 法）　182
特定非営利活動法人（NPO 法人）　182
　——ハートフレンド　60
　——宮崎文化本舗　73
独立業務請負人　94

〈ナ行〉

内部留保　54
中野区の補助金対象事業　23
中村勝子　4
難民　116
　——アシスタント養成講座　136
　——研究フォーラム　129
　——コミュニティ　128
　——支援活動　123
　——支援協会　115
　——条約　117

　——スペシャルサポーター　123，134
　——チーム　117
　——と行う震災ボランティア　131
　——問題研究フォーラム　118
二酸化炭素排出削減　88
西会津国際芸術村　69
西会津サロン　69
西会津町　65
にじのたまご　38
日鋼設計株式会社　89
日本型社会起業家　55
日本・韓国地域事務所　121
日本中小企業・ベンチャー　ビジネスコンソーシアム　150
任意団体　23
認定 NPO 制度　187，188
認定 NPO 法人　18
　——日本グッド・トイ委員会　50

〈ハ行〉

バイオマスエネルギー　86
バイオマスタウン　91
ハウス of ギャラリー（一戸建ての家）　70
萩の台公園　77
　——運営プロジェクト　77
八王子市市民大学講座　148
ハートフレンド　59
話し合い　25
非営利性　181
非営利組織　181
非政府・民間組織（private）　181
一口館長　53
人とのつながり，絆　166
ひめりんご　37
広島型ペレットストーブ開発実践事例　89
広島県商工労働部　89
広島県立大学　85
ファザーリング・ジャパン　46
ファンドレイジング委員会　14
フィルム・コミッション　78

索　引　｜　193

福祉系の任意団体　28
負の連鎖　93
不法滞在者　116
ブランディング　123
フリースペースひろばサラ　36
プロデュース（支援）　22
文化協定　53
ペレット循環システム（ペレットチェーン）　89
ペレットストーブ　87
ペレット・ボイラー　86
ベンチャービジネスの起業　147
　　──支援　150
　　──・成長支援　147
ベンチャービジネスハンドブック　147
ベンチャービジネス部会　149
法人格　160
　　──取得　23
法的支援活動　125
保護者支援　23
補助・委託事業　84
補助金・受託金収入　81
補助金頼み　28
細川佳代子　2
ホームページ　169
ボランティア委員会　14
ボランティア体験プログラム　17

〈マ行〉

マーケティング　123
まちづくり会社　79
まちなか企業家養成塾企画運営　79
学び隊　103
マネジメントシステムの取り組み　169
ママとキッズ　156
道の駅　88
道守みやざき会議　80
ミッション　188
　　──の三本柱　139
みやざきアートセンター　73，78

宮崎映画祭　74
みやざき NPO ハウス　76
宮崎キネマ館　75
　　──多目的ホール　73
みやざき子ども文化センター　78
宮崎市自然休養村センター　73，78，83
宮崎ドゥタンク　79
みやざき文化村　78
三次市　85
民間非営利組織　181
ムーブメント　1
無料相談会　168
メーリングリスト　142
メールマガジン　45
木質バイオマス　87
森の手入れ　86
森のバイオマス研究会　86
森の利用　87
文部科学省地域子ども教室推進事業　59

〈ヤ・ユ・ヨ〉

役割と機能（業務委託）　66
有償ボランティア　24，35
ユニス・ケネディ・シュライバー　2
世直し運動　2

〈ラ行〉

利益の追求　138
利益の非分配制約　181
利益を分配しない（not profit-distributing）　181
理事会　14
リスク　59
　　──アセスメント　169
レストランサラ　31
レスパイト　22
労働安全衛生管理　169
労働安全衛生リスク　175
　　──アセスメント　169
労働安全教育　170

労働安全コンサルタント　168
労働力の寄付　109
労務・人事部会　149
ローズマリー　3
ロビイング　122

〈ワ〉

若さをたもつ栄養教室　156

わかみやクラブ　21
ワーク・ライフバランス　42
ワーク・ライフ・バランスの新しい行動　108
笑っている父親　43

編著者紹介

坂本　恒夫（さかもと　つねお）

明治大学経営学部教授，経営学博士
1947 年　京都府生まれ．
1979 年　明治大学大学院経営学研究科博士後期課程修了．
現在，日本経営財務研究学会評議員，日本経営分析学会常任理事．〈日本中小企業・ベンチャー〉ビジネス・コンソーシアム副会長

単著：『企業集団財務論』泉文堂，1990 年．
　　　『イギリス 4 大銀行の経営行動 1985-2010』中央経済社，2012 年，など．
編著：『企業集団研究の方法　シリーズ企業集団研究 I』共編著，文眞堂，1996 年．
　　　『企業集団支配とコーポレート・ガバナンス　シリーズ企業集団研究 II』共編著，文眞堂，1998 年．
　　　『企業集団と企業間結合の国際比較　シリーズ企業集団研究 III』共編著，文眞堂，2000 年．
　　　『図解　NPO 経営の仕組みと実践』税務経理協会，2009 年，など．

丹野　安子（たんの　やすこ）

特定非営利活動法人ビジネスネットワーク・ジャパン理事長
1949 年　東京生まれ．
現在，〈日本中小企業・ベンチャー〉ビジネス・コンソーシアム監事．
明治大学学部間共通総合講座およびリバティアカデミー講座「NPO 法人の経営学」の講師．

ミッションから見た NPO

2012 年 11 月 25 日　第 1 版第 1 刷発行	検印省略
2015 年 3 月 31 日　第 1 版第 2 刷発行	

編著者　坂　本　恒　夫
　　　　丹　野　安　子
発行者　前　野　　　隆
発行所　株式会社　文　眞　堂
　　　　東京都新宿区早稲田鶴巻町 533
　　　　電　話　03（3202）8480
　　　　FAX　03（3203）2638
　　　　http://www.bunshin-do.co.jp/
　　　　〒162-0041　振替00120-2-96437

製作・モリモト印刷
© 2012
定価はカバー裏に表示してあります
ISBN978-4-8309-4767-4 C3034